青少年走近领袖人物丛书 >>>

# 陈云的故事

罗范懿◎著

江西人民出版社
Jiangxi People's Publishing House
全国百佳出版社

图书在版编目（CIP）数据

陈云的故事 / 罗范懿著 . — 南昌：江西人民出版社，2022.11
（青少年走近领袖人物丛书）
ISBN 978-7-210-14214-0

Ⅰ.①陈… Ⅱ.①罗… Ⅲ.①陈云（1905–1995）—生平事迹—
青少年读物 Ⅳ.① K827=7

中国版本图书馆 CIP 数据核字（2022）第 208373 号

**陈云的故事**
CHEN YUN DE GUSHI

罗范懿 著

策　　　划：王一木
责 任 编 辑：吴丽红
装 帧 设 计：马范如

江西人民出版社
Jiangxi People's Publishing House
全 国 百 佳 出 版 社　出版发行

地　　　址：江西省南昌市三经路 47 号附 1 号（330006）
网　　　址：www.jxpph.com
电 子 信 箱：jxpph@tom.com
编辑部电话：0791-86899133
发行部电话：0791-86898801
承 印 　 厂：江西润达印务有限公司
经　　 销：各地新华书店

开　　　本：787 毫米 ×1092 毫米　1/16
印　　　张：12.5
字　　　数：150 千字
版　　　次：2022 年 11 月第 1 版
印　　　次：2022 年 11 月第 1 次印刷
书　　　号：ISBN 978-7-210-14214-0
定　　　价：30.00 元
赣版权登字 -01-2022-587

# 前言

———

　　为深入学习贯彻落实习近平新时代中国特色社会主义思想、党的二十大精神，引导青少年践行社会主义核心价值观，帮助广大青少年树立正确的历史观、民族观、国家观和文化观，为他们打好精神底色，扣好人生第一粒扣子，江西人民出版社精心策划、隆重推出了主题阅读图书"青少年走近领袖人物"丛书，旨在让青少年通过阅读领袖人物的故事，树立爱领袖、爱祖国、爱社会主义的理念和感情，成为担当民族复兴大任的时代新人。

　　"青少年走近领袖人物"丛书包括《马克思的故事》《恩格斯的故事》《列宁的故事》《毛泽东的故事》《周恩来的故事》《刘少奇的故事》《朱德的故事》《邓小平的故事》《陈云的故事》共9册，选取领袖人物成长经历和革命生涯的感人故事，以小见大地向广大青少年介绍了他们的坚定信仰、高超智慧、深邃思想、乐观精神、伟岸人格和心系人民的伟人情怀。

　　这套丛书在语言风格和叙述方式方面，努力贴近青少年的阅读习惯及接受能力，力求以生动形象的小故事作为切入点，由浅入深地讲大道理，深刻而不失亲切，严谨而不乏生动，为读者呈现了一个个饱满生动的领袖人物形象。在版式设计上，注重舒朗大气，强化视觉冲击，以增强可读性、趣味性。此外，作者精心研究了各领袖人物的权威文献资料，注重选材精、形式活、事例美，意在完整、准确、生动地再现伟大领袖的本来面貌。总之，"青少年走近领袖人物"丛书主题突出、特色鲜明，兼具历史研究价值和文学艺术价值，是青少年革命传统教育和爱国主义教育读本，对世人理解、认识和学习领袖人物大有裨益。

少年强则国强，少年进步则国进步。当代中国青少年，既是实现第一个百年奋斗目标的经历者、见证者，更是实现第二个百年奋斗目标、建设社会主义现代化强国的生力军，赶上了大有可为、大有作为的美好时代。习近平总书记说："明天的中国，希望寄予青年。青年兴则国家兴，中国发展要靠广大青年挺膺担当。年轻充满朝气，青春孕育希望。广大青年要厚植家国情怀、涵养进取品格，以奋斗姿态激扬青春，不负时代，不负华年。"

希望广大青少年读者通过阅读和学习本书，将伟大领袖人物作为心中的榜样标杆，向他们看齐，坚持涵养进取品格、树立远大志向、刻苦学习知识、锻炼强健体魄，厚植爱党爱国爱人民的高尚情怀，用青春作笔写未来，在实现中华民族伟大复兴的生动实践中放飞青春梦想、书写人生华美篇章。

# 目录

# 1 | 爸妈去哪儿了

上海市郊西南角的一个水乡小镇——青浦区练塘镇，是陈云的故乡。练塘，旧称章练塘。它历史古老，曾有一种传说：练塘原名"张练塘"，三国时代东吴曾在这里造船，"张帆以练水军"，后人把"张"错念成"章"，叫成"章练塘"。明末清初，练塘镇属吴江、元和、青浦三县合辖，到清宣统二年（1910年）划归青浦县管辖。青浦县原属江苏省，1958年归上海市管辖，现在是上海市的一个区。这里河塘甚多，东有泖河，南有大蒸塘，是一个有名的水乡。周围的小河如渔网一般密布，把小镇网络其间。其中，一条东西走向的小河横穿小镇，成为水上交通要道，船只来往频繁，被当地人称为"市河"。市河两岸便是小镇东西走向的两条街道。街道边都是鳞次栉比的瓦屋楼，对街而建，隔岸相望，其间建有石拱桥、木桥15座，鸡犬相闻，人们可隔河招呼。

"哇哇——"沿河的下塘街西首靠河的闵家小屋里，传来一阵婴儿的啼哭声，震得河水荡起了微微一层涟漪……

"哈，见梅堂那嘴笑得，快要挂到耳朵上去了！"对岸人打招呼，"生了？陈家添喜了！"

"生了！刚生下！"陈梅堂向河对岸说，笑得合不拢嘴。

"肯定是个大胖小子。见你这高兴劲，终于让你给盼到了！"

"嘿嘿，男孩！"陈梅堂高兴得忍不住用手指头比画着。

河里相向来船了。过往船上的人也听到这阵婴儿的啼哭声，见了主人用指头比画，都高兴得忍不住道贺："哈哈哈……恭喜恭喜！恭喜东家！添子添福！……"

这是1905年6月13日（农历乙巳年五月十一日），男孩出生时家里已有了9岁的姐姐陈星。庄稼户的旧观念，男孩传香火，可想而知，等了这么久，终于等到了一个男孩，这给世代务农的陈家带来了多大的欢喜，精瘦的陈梅堂差点没喊出声来。

闵家小屋是一间10余平方米的平房屋，宅门朝南，前靠街，后沿河，南面是闵龙相行开的米行，西面50米处便是元朝建的顺德桥。

河面平如镜，石桥凸如花，小桥、流水、街房，动中有静，静中流动，历代文人墨客对此陶醉不已，"月下悄无声，千家尽枕河"的水乡意境在此表现得淋漓尽致。

陈梅堂找来舅兄商量了多次，斟酌数日，为新生儿选了几个名字，总觉不如意，又托舅兄请教有学问的教书先生。教书先生也许是因男孩姐姐名叫"星"，就为男孩取名为"云"吧：星云其上，云又很同水乡有关，河上河下，星云朗朗，祥云游动，大吉大利，意义深远。教书先生说得一家人点头称好，男孩的学名就叫"陈云"。

陈云的出世给全家人带来了新的希望，尤其让父亲陈梅堂对生活更充满了信心。但当时社会动荡、租税繁多，父亲因长年的辛劳及营养不良，导致积劳成疾，又无钱医治，病魔无情地吞噬着他的躯体。父亲非常疼爱儿子，牵着陈云走路，教陈云数数，每当他劳动回家，陈云便远远扑向他的怀抱。1907 年，两岁的陈云突然发现父亲不能抱他同他说笑了，眼睛也不能看他了……一家人围着父亲哭，姐姐哭，陈云也伏在父亲的身上哭，但父亲怎么也不理他了，后来父亲就不见了……

母亲对陈云说："父亲死了，去了很远很远的地方……"

陈云还不懂"死"是什么，不知道父亲去了哪里。

陈梅堂死时只有 38 岁，他怎么也不忍心离开全家人，尤其是陈云，但他实在是支撑不住了。

全家的担子落在了母亲廖顺妹一人身上。父亲的去世给这一家人的心灵蒙上了一层浓重的阴影，也使这个原本穷困的家庭生活得更加窘迫。母亲一人要挑起养儿育女的任务，帮人做工、缝衣，一家人过着寒苦的日子。

生活的担子把母亲压得喘不过气来了。又过了两年，在陈云 4 岁的时候，母亲也因贫病交加，同父亲一样撒手走了。她忍痛丢下了一对年幼的儿女，也去了很远很远的地方……

母亲死时，姐姐陈星也只有 13 岁，他们无力安葬母亲，全靠外祖母和舅父作主为母亲料理后事。

父母亲都走了，闵家这间仅 10 余平方米的小屋，也显得空荡荡的，一对年幼的姐弟不知今后的生活怎么办，路该怎样走，姐弟俩抱着痛哭……

## 2 | 外祖母家的"廖陈云"

外祖母听到外孙和外孙女在闵家屋里哭，便抹着眼泪，小脚蹒跚着，赶紧过来。

"不要哭，到外祖母家去。只要外祖母在，你们就有饭吃……"

姐弟俩从此就住在同一条下塘街另一头的外祖母家了。

外祖父姓廖，广东人，早已过世。他早年参加过太平军起义，走南闯北，一路转战到江南一带。太平军失败，他就流落在当时江南省松江一带（今上海市青浦区）。他在附近帮人做工，几年后攒了一些钱，便在练塘镇下塘街买了这处房子。后来他与当地农家女结婚，生下廖顺妹、廖文光等子女。

舅父廖文光，此时以裁缝为业。舅母是练塘东目圩倪氏农家女子。舅父心地善良，性情温和，爱好文艺。他从小学裁缝，整天弓着背，穿针引线为人家缝衣裳，勉强维持生计。舅母也和善，是个能干会操持家务的妇女，有时也帮人家缝缝补补，以贴补家用。夫妻俩孝敬老人，喜欢孩子，但结婚多年，没生育，膝下仍无子女。因此，30多岁的廖文光夫妇将外甥和外甥女视同自己孩子一般爱护。有好吃的，不用外祖母说，总让孩子们先吃；逢年过节，也让他们和近邻小朋友一样穿新衣服，打扮得亮亮净净的。外祖母常给陈云讲外祖父参加太平军的故事。一有空，廖文光也给外甥讲故事，有时还带陈云姐弟去书场听书。姐弟俩在外祖母家的日子过得很温暖，渐渐淡忘了失去父母的忧伤。

转眼间，两年过去了，生活像下塘街上空的风云，不可预测。外祖母突患重病，卧床不起。临终前她还是放心不下陈云姐弟俩，特地把儿子、儿媳叫到床前叮嘱："你们结婚8年，还没有孩子，就把外甥当作你们的亲骨肉看待，一定抚养他们好好成人。你们现在对孩子好，我死了你们要对孩子更好，我和你姐在九泉之下也就瞑目了。"

廖文光夫妇俩含着眼泪，握着母亲的手拼命点头，哽咽着，一句话都说不出来。

6岁的陈云，每两年就遭受一次剧痛，父母亲走了，外祖母也走了……外祖母死了，他除了悲痛，还主动帮舅父做力所能及的事。办完了丧葬，送走了外祖母，舅父按照母亲的遗愿正式收陈云为自己的养子，改姓廖，名仍为陈云，"廖陈云"仍然称呼廖文光夫妇为舅父、舅母。

## 3 | 书场小"听客"

舅父爱听评弹。练塘人称评弹为说书,把听说书的地方叫书场。离陈云舅父家只30多米处就有两个书场,"畅园书场"设于清末,"长春园"设于民国初年,两家在一条镇上紧挨着。舅父一有空就带陈云姐弟去听书。

评弹发源于苏州,流行于江苏、上海和浙江地区,至今已有数百年的历史。评弹是中华民族曲艺数百个曲种中的两种,统称说书。但评话只说不唱,弹词则既说又唱。评弹的传统书目都是长篇,每说唱一回,需连续几个月。正是这种长篇连说的特点,形成了评弹独特的结构和描写手法。情节和结构多单线直下,"一一道来",不宜多面展开。注重"关子",往往是以一个事例或一个人的列传,展开矛盾,铺开情节,造成悬念。

《三国演义》中周瑜一把火烧得曹孟德80万大军焦头烂额;诸葛

亮神机妙算设下三道伏兵；关云长华容小道几番阻止、几番放人，最后念旧情义释故人；黑脸包公怒斩陈世美；抗金兵岳飞率健儿精忠报国……故事情节引人入胜，人物情感起伏变化，紧扣台下听众的心。加上说书人极善说表功夫，并在关节点上不时加以一两个噱头，还有那弹乐渲染，可说得刚才还吵吵嚷嚷的场子突然鸦雀无声，台下听众的心同台上的弦一样紧扣着……

一天上午，书场的一个伙计过来了。他肩上扛着木牌，上面写着书目和艺人姓名，摇着铜铃，后面跟着蹦跳打闹的小孩子们，围街打个圈，吸引了许多书迷。

这时，陈云也忍不住想要跟着书场伙计走，舅父喊住了他："别走远了。我们早点吃饭，舅父带你们姐弟去听书。"

陈云马上转回来，听铜铃摇响到街的那头，又摇过了河对岸。

书场每天有日夜两场，中午一场，晚上一场。舅父做工忙时白天不带他们去，晚上一般不间断。通常日场是弹词，男女双档，演唱《珍珠塔》《杨乃武与小白菜》等长篇弹词。晚场是评话，讲《水浒传》《岳飞传》《包公》等传统史话。陈云被舅父带去一两次，就明白了里面的规矩。

书场的小台一尺高，台上一张书桌，两把椅子，面对书场大门。大门两旁的墙壁上有一排钩子，这是专为农民听书时挂篮子用的。听众付过钱，便可以随意在场内找个合适的座位，泡上一壶茶，一边喝茶，一边嗑瓜子、剥花生，静心地听书。另有一类，他们不需付茶钱，也可进去听，只是不能占位置，只能靠在墙壁边站着，或者坐在后面的门槛上。这一类不花钱听书的行为，当地人通称为听"戤（gài）壁书"。

陈云知道了里面可以免费听书，经常是舅父不带，他也去了。舅父发现后悄悄跟过去，看陈云站在那里听得挺出神的，也就不忍心打扰他，只是等散场时，出来打望他是否回来，然后对他说："你听得懂，想听戤壁书，可以去，但要跟舅父舅母打声招呼，免得大人找你着急。"

姐姐能帮助家里做事了，陈云便经常一个人去。有时姐姐闲，他便同姐姐一起去听，晚上基本都是同舅父一起。

从此，陈云就成了"长春园"书场的常客。这一家书场只离舅父家七八间门面。他与书场老板混熟了，同说唱的艺人也混熟了，散了场他还不愿走，或帮老板扫地、清理茶壶、摆正凳子；或老盯住艺人不放，尤其是艺人那张嘴，他想看看为什么里面藏有那么多神秘的东西……有时，他还会大胆缠住艺人，问岳飞，问包公……还没问够的，回家又问舅父：岳飞怎么有那么大的本事？包公的黑脸真是铁的吗？

这些故事和人物在小陈云心中留下了深刻的印象。在他天真、烂漫、好奇、充满幻想的心灵里，他时而希望有一天做一名惩恶扬善、人人景仰的大英雄；时而想象自己长大后能同诸葛亮、徐茂功一样能掐会算，稳坐军中帐，决胜于千里之外。

# 4 | "敲扁豆"

陈云听着评弹一天天长大了。他可以帮舅父家做些家务事，家里有事时，他也会听舅父舅母的话，不去听书，留下来帮忙。后来，舅父家的缝纫活一天天少下来，做不下去了。舅父就只好把自家门面办成了小饭馆。

廖家饭馆虽然小得只能摆下 3 张桌子，却也小巧玲珑，被主人打理得清洁亮堂。舅父负责采购、记账。舅母心灵手巧，负责锅台掌勺，她炒的家常菜烹调有道，清香鲜嫩，口感好，很受欢迎。陈云姐弟除了会帮忙把桌椅板凳擦得木纹都条条清晰，还会帮助干些洗菜、送菜、敲扁豆之类的杂活。

尤其是敲扁豆的活儿，陈云干得特别有兴致。他能把声音敲出节奏来，并且节奏中还常变着花样，让人听起来有悦耳之感。陈云敲扁豆时，似乎想起了说弹词的艺人在弦上的那只弹跳的手，他右手拿着一把菜刀，用横着的刀面在嫩嫩的扁豆上拍打，同时左手不停地向刀下输送片片扁豆，一块扁豆一般敲两下，特嫩的只敲一下，老一点的敲三下，这样节奏就出来了。陈云在砧板上敲扁豆的声音，让吃扁豆的顾客也忍不住要停住嘴里的咀嚼来看着、听着小陈云敲扁豆，甚至还感染着顾客吃扁豆也要吃出个爽朗的节奏来。

别小看敲扁豆，这可是项技术活。敲多敲重了，扁豆过软、过烂，炒起来易碎，难成片，嚼起来不爽，油盐味过重；敲少敲轻了，扁豆过硬，口感不脆，难进油盐味。舅母会一边炒扁豆一边偷空瞅外甥这边的活儿，因为陈云敲出来的声音也感染了她，让她也想把炒扁豆的声音同敲扁豆的声音协调起来，把这美妙的声乐炒进扁豆里去……

廖家饭馆有两道有名的菜，一是"敲扁豆"，二是油爆鳝丝。这两道菜在练塘远近闻名，就是今天的老辈人想起来，也会被馋得吞口水。

可想，廖家饭馆生意越来越好，顾客只嫌这馆子挤了，3张桌子太少。

舅父一家的日子过得比办缝纫店时稍好了一点。舅父忙完活，也过来看陈云敲扁豆，这美妙的声音一下下敲在了舅父心上……

# 5 | 算盘珠子

陈云8岁了。外甥敲扁豆敲得再好，舅父也不忍心了。舅父舅母商量，要送陈云去上学。孩子聪明，做什么像什么。不能耽误他，不能让孩子也像上辈人一样，要尽量让他多读点书，就是饭馆生意将来做大了，也有个计账打算盘的。

舅父把饭馆仅有的盈余拿出来，日子紧一点过，送陈云去私塾接受启蒙教育，后又送他进当地教学质量好的贻善国民学校（初小）念书。

1915年，舅父作主让陈星和本镇一商店的职员王福生结婚，像嫁自己的亲生女儿一样，热热闹闹地为他们办了喜事，还将他们的新房安置在自己家中。后来，陈星夫妇开了一个茶馆借以维生，几年后生下了一个女孩。

社会动荡，民不聊生。廖家饭馆的生意又难做了。加上1916年

10 月，舅母生下了一个男孩，产后害了一场大病，舅父四处求医，家庭经济再次陷于困境，陈云被迫辍学。

1917 年夏，舅母病情好转，家境稍有缓和，加上亲戚资助，舅父又托人将陈云送到距练塘镇 20 多公里的青浦县立乙种商业学校读书。在这里，陈云学习了一般高小课程及珠算、簿记等。

舅父为陈云买了个小算盘，并用一根细绳子做小算盘的背带，让陈云挂在肩上，于是陈云背书包的肩上又多了一样响当当的东西。

学珠算了，看到先生挂在黑板上那个教学的大珠算，陈云就想起了评弹艺人手里的弹弦。先生用手指拨动珠子，就像评弹艺人拨弄弹弦一样。最初他还不是很明白这珠子上上下下带来的玄妙，只是对手指上下拨动珠子时发出的声音好奇。

"啪啪啪……"见陈云拨弄珠子的手法很灵巧，先生还以为陈云早会打算盘了。不过，此时的陈云只是在算盘上"弹琴"，他想要练出评弹师傅那样灵巧的指功。

没想到这算盘珠子除了能发出悦耳的声音之外，更有趣的还在算数上。上面框框里的珠子少而代表的数字却大，它能以一顶五。同样是一颗珠子，它的用处就不一样，它的含量就比下面框框里的重……陈云想：同样是珠子，关键看这颗珠子能放在哪个位置、哪个环境？他从算盘珠子想到了人，同样是人，岳飞、包公那样的人就大不一样，他们之所以有大作为是因为他们进入了一个不同的环境。进入了不同的环境，他们才积蓄了与一般人不一样的能量，因此才能一人当五人、十人、百人，唤得千军万马，呼风唤雨，所向无敌……

两个月后因资助中断，陈云只得再次辍学。这次在校时间虽短，但陈云学会了珠算和记账，尤其是珠算中那加法的"九归"，他可以打得"九九归原"了。他发现从"一"到"九"加九次，可以在算盘上出现一个和原来一样倒过来的很有规律的方阵……这很玄妙，很有趣！

陈云不能再背着书包和算盘去学校了。但算盘在自己手里，书场也在身边。他在家除了帮舅父干活外，也会在偷闲时自己练珠算、听评弹，日久便对这算盘珠子理解得更深、拨弄得更灵。

# 6 | 帮助料理家务

舅母自生了表弟廖霓云之后，风湿病越来越严重，她疼痛、心烦，表弟整天啼哭不止。舅父四处求医，花了不少钱，家庭经济越来越困难，房子也明显不够住了。陈星夫妇只好搬了出去，在城隍庙西弄堂里借了一间房住下。这期间，因舅父家经济拮据，陈云前后两次休学在家，在家自学并担当了许多杂物活。他照看体质孱弱的弟弟，帮助舅母做她因手痛而不方便做的事。

一次，陈云看到舅母搓洗弟弟的尿片时手痛得发颤，便赶紧放下算盘来到搓洗池边，拉开舅母，就帮忙洗尿片。这时，舅父从门外进来，又赶紧从陈云手上接下尿片。

舅父边洗边抬脸看到陈云，欣慰地笑着。舅父并不愿让陈云做这些琐碎的杂事，让陈云休学也是一时没法子的事。舅父舅母都不想让聪明的孩子休学在家做杂务，他们认为孩子应多读点书，将来做该做的大事。

"舅父，我能洗。你去帮舅母找药吧。"陈云蹲下来对舅父说。

"你去看看书，练练算盘，有事舅父再叫你。"舅父难为情地说，"我不在家，尿片先放一下，等我回来洗。"

"舅父能洗，我也能洗。"陈云接过尿片就搓起来，"你去找药吧。姐姐在办茶店，一时也走不出来。我洗完就去看书。"

舅父舅母看着懂事的陈云，心里高兴得不知说什么好。

碰到有屎的尿片，舅母又去悄悄自己洗。陈云看到了，抢过去，怨道："我说了，你别洗呀，我都能洗。你得了风湿，还在吃药，再碰水，不就是浪费钱嘛！"

后来舅母又将有屎的尿片藏起来，等舅父回家洗。这又让陈云发现了，他又怨舅母："我闻到有股臭味，难怪，你把尿片藏在这里？"

"岳飞杀头都不怕，包公还干家务活呢！我还怕脏吗？有什么不能做的？"陈云边洗边对舅母说，"这不，三下五除二，干净了。这天气，晒一下子就干了。"说着，陈云就去太阳底下晾开尿布。

见陈云说话和做事这么心细、这么利索，又见一天天长大的霓云越来越像陈云，舅母看在眼里，记在心里：陈云这孩子将来肯定会有大出息的，要好好培养。要是霓云将来也有陈云这般聪明能干就好了。

# 7 | 道院二胡声

在练塘城隍庙西侧，有座隐真道院。这座道院建于清嘉庆年间，属正一道派，与全真道派不同，道院内除了几名出家道士外，多数是俗家道士，每逢斋期才齐聚拢来，平时就由几名出家道士留守院内。有时应施主邀请，道士们便穿戴整齐地赶去设醮做场。道士诵经很重视乐器伴奏，所以，他们不仅要背诵经文，还要学得一手娴熟的丝弦乐器的本领。"丝竹"与"评弹"一样，是中华民族传统的民间文艺，包括二胡、琵琶、秦琴、曲笛、箫、笙等丝竹管弦乐。

隐真道院离陈云舅父家大约 50 米远，在上塘街市中，隔河相望。院内常发出悠扬婉转的乐音，也像评弹一样深深地吸引着陈云。他做完功课和家务后，也常去道院。

道士的手指能在两根弦上，上上下下拨弄出 7 色音符，发出动听高雅的乐曲，这可比弹弦奇巧玄妙多了！陈云聚精会神，被道士那指头神功陶醉……

陈云目不转睛地盯住道士那在两根弦上轮番点动、滑动的手指，看得出神……这对晶亮的眼睛反倒吸引了道士万秉璋。

"这叫二胡。"道士忍不住停下来，对陈云说，"你愿意学吗？"

陈云只憨憨笑着，也不回话。道士干脆把二胡交给他："你来试试。"

道士搬了只矮凳子让陈云坐下，将二胡扶立在他的左腿上，教他左手抚弦，右手拉弓，说完便去做别的事了。

陈云一人就在道士住室里试着拉呀拉，可二胡比他个头还要高，扶起来很吃力，而马尾弓又是软的，怎么拉也不听使唤……但是，越难拉，他也就越不服输。

好不容易拉出来了声音："汪，汪，汪汪……"

外面有人在喊："师父，你的门角里压着条狗呀？"

道士闻声跑了回来，高兴地对陈云说："我还真以为有狗进来，恐伤了你哩。好呀，拉出了声音呀！"

"好什么呀？"陈云不解道士说的话。

"音乐本身就是源于生活，需要用生活中的声音来表达自己的感情。你小小年纪，出手不凡，第一手就能拉出像狗叫的声音来，说明你快要入门了呢。"道士说。

"用生活中的声音来表达自己的感情。"陈云记住了道士说的这句话，他继续拉，拉出来的声音还真像狗叫……

从此，陈云一有空就来道院学拉二胡，拉出的声音像鸡叫、猫叫、鸟叫……

道士开始教他把手指放在两根弦上，配合马尾弓拉出 7 个音符……

"这难就难在两只手的配合上，我要练出一心可以两用的功夫。"陈云说。

"你说对了。人们常说，二胡两根线，死也不得变。双手能配合，可一心两用了也就变了，乐曲也就出来了。"道士笑着说。

一边记着左手 4 个指头上下的位置，一边记着右手作里弦和外弦的配合……7 个音符就拉出来了，一遍，两遍，十遍，百遍……陈云可以不看手指而上下移动自如了，他还可以断断续续地拉出《桥》《行街》《梅花三弄》等一些曲谱来。

从他拉出的声音中可以感受到练塘的行街，有人的脚步声，有人的说话声，有桥下的流水声，有小船的桨声，有艄公的号子声……

经过万秉璋一段时间的调教，陈云还学会了吹笛子、吹箫。道院的法师、居士们都称赞陈云聪慧，接受能力强，街坊邻居也来欣赏陈云的演奏……了解陈云能力的人都为他高兴，而了解陈云身世的人又为他叹息。

陈云偶尔也会借二胡回舅父家拉，他要给舅父、舅母和小霓云带来欢欣。

舅父实在不忍心让陈云失学，就趁当地一位开明教育家杜衡伯来自家饭馆吃饭的机会，向杜校长介绍了陈云的情况，还叫正在灶膛烧火的陈云出来并回答杜校长的各种提问。杜校长见陈云对答如流，多才多艺，聪慧过人，很是欣赏，便保荐陈云免费进入颜安小学高小部读书。从此，陈云又回到了课堂。

## 8 | 童子军

1917 年秋，回到学校的陈云接受了新的思想。学校实行新式教育，聘请了一些接受新文化的教师授课，新思潮不断涌入校园。在校期间，陈云最爱听张行恭老师讲有关鸦片战争、康有为、孙中山和辛亥革命等的故事。课余时间，他仍常去书场听"蹑壁书"，并喜欢把听到的故事讲给舅父母、表弟及同学们听。

进步老师传播的思想，以及评弹中关于《三国演义》诸葛亮用计如神、《水浒传》英雄好汉替天行道、历代忠良豪杰惨遭奸佞陷害和官兵剿杀的一幕幕历史活剧，深深影响着少年陈云，使他萌生爱国思想，也使他领悟到要打倒压迫人、欺侮人的人，光靠个人拼搏不行，必须组织同心同德、志向一致的人共同奋斗。

1919 年，北京爆发五四爱国主义运动的消息传到了青浦。5 月 9日，青浦各校师生响应全国学联的号召，举行声讨卖国贼的游行示威活动。陈云所在的颜安小学也积极投入到这场反帝反封建的爱国运动洪流中。

这时，14岁的陈云已是小学高年级学生。他品学兼优，既有较强的组织能力，又有极好的口才，在同学中有较高的威望，成为学校里声援活动的核心人物之一。

陈云配合老师把高小师生分拨组成童子军、"救国十人团"和宣传队。陈云在校长杜衡伯和老师张行恭的特别关心和培养下，在校充分展现了他的组织和文艺才能，成了高小部学生的组织工作骨干和文艺骨干。游行示威他要作童子军领队，"救国十人团"他要作演讲宣传，在宣传队他要排节目并担任二胡、笛子和箫的配乐者。

听说陈云在各活动中都是头头，舅父和姐姐也不时赶去练塘附近看他。

一次，恰逢明园寺圩日，宣传队在圩口的土台上宣讲国耻，瘦个子的陈云正站在台中央说："父老乡亲们，我们在乡下都不知道呀，国家出大事了！亲日派袁世凯、曹汝霖等卖国贼同日本签订了'二十一条'，我们的青岛没了……"陈云发出的声音，虽然稚气，但很响亮，说话的语气又很像那说书的人，抑扬顿挫，引人入胜。

他还说："5月3日，北京各界集会抗议和会的无理决定。5月4日下午，北京13所大专院校学生3000多人，聚集天安门广场，举行示威游行，要求惩办亲日派曹汝霖。愤怒的学生还直奔曹的住宅，痛打了正在家中的汉奸章宗祥，并放火烧了赵家楼……北京政府却出动军警逮捕了几十名学生。全国人民都行动起了，学校罢课，商人罢市，控诉北洋军阀卖国贼，禁止进口日货，查缴日货，焚毁日货……我们练塘、明园寺的乡亲也要赶快行动起来，坚决不做亡国奴……"

"嚓"的一声，陈云当众撕了东洋纱织的衣服，砸了用日本原料做的赛璐珞玩具……那气势，就像一个大人！

围着土台的乡亲个个摩拳擦掌……舅父含着激动的泪花，在人群中也跟着大伙举手高呼口号：

"打倒卖国贼！"

"废除'二十一条'！"

"收回青岛！"

"不当'东亚病夫'！"

"睡狮快醒！"

…………

陈云长大了……舅父用泪花悄悄地告慰姐姐和姐夫：这孩子懂事了，你们终于能放心了……

# 9｜小学徒

陈云即将面临高小毕业，毕业后回家帮舅父料理店务，本是自然而然的事。可舅父一家一直把陈云当自己的孩子抚养，不愿耽误他的前程。张行恭老师对眼前的陈云——这个表现突出的学生的毕业去向也很关心。

一天，张老师在商务印书馆工作的弟弟张子宏回家探亲。张行恭马上想到了陈云，他把陈云的情况向弟弟作了详细介绍，请他帮助想想办法。张子宏听了哥哥的介绍之后，对此事很热心，提议不妨让陈云这次就随他回到商务印书馆去，先当学徒工，待慢慢适应再看以后发展。这样，不但能在经济上先自立，还可以边工作边看书学习，而且进了市区，工作的发展机会也会相对多些。于是，张老师兄弟俩都来到陈云舅父家。此时，陈云的舅父一家正为此事犯愁，听张老师这么一说，家里人都十分高兴，很感激。

1919 年 12 月 8 日，陈云告别了抚养他整整 10 年的舅父舅母，告别了培养他、教育他的杜衡伯校长和老师们，告别了同窗和练塘的幼年朋友，在张老师的陪伴下，从舅父家门口的那条市河出发，登上了东去上海的小船。

14 岁的陈云踏上人生的新征程。

陈云对商务印书馆这个名字并不陌生，他早在杜校长、张老师办公桌上的《康熙字典》《辞源》的封面上就见过它，并且心生仰慕。商务印书馆是中国出版业中历史最悠久的出版机构，这是一个文人荟萃的地方。此时的上海已逐渐成了全国的经济文化中心。当陈云走进上海，走进商务印书馆时，那繁华都市、书香气息让他真有如鱼得水的快感。

当时的商务印书馆下辖编译所、印刷厂、发行所、总务处等部门。12 月中旬，在张子宏的引荐下，陈云到商务印书馆总发行所求职。所长开始嫌陈云瘦弱，个子矮，不肯收。后经张子宏争取，陈云被留下试用，分配到发行所文具仪器柜当学徒，月薪 3 元，由公司提供住宿。因为悟性高，业务熟悉快，待人诚恳、谦虚，陈云很受师傅、老职工的信任和称赞。他只当了两年学徒，就被店方提前一年升为店员（学徒期一般是 3 年），月薪 7 元。后来，他又去了发行所，印刷、排字等脏活累活样样干，从不埋怨。再后来他又去了门市部书店做店员，对好学的陈云来说，走进了书店这块园地，本身就是一大享受。因此，他兴致特别高，服务热情周到，顾客们对这位小店员交口称赞。

陈云收入虽然微薄，但他平日里省吃俭用，从不乱花一分钱，所以仍有积蓄。每年除寄给舅父母一些，还能资助有困难的同事。他听说附近的杭州很美，想要报答舅父一家人对他的养育之恩。于是，他将积蓄拿出来，替舅父一家买了去杭州旅游的火车票，让他们走出练塘看看外面的美好世界，也让辛劳的舅父舅母歇息一下。陈云又想起让他免费读了高小的杜衡伯校长。杜校长是母校颜安小学的第一任校长，惜才如命，教学有方，是当地很有名望的教育家。陈云拿出自己全部积蓄并找到部分同学一起集资，在母校为杜校长立碑纪念。

尽管在商务印书馆学徒每天工作 14 个小时以上，陈云还是对自己的业余时间进行了精心安排。因自己身体瘦小，他便坚持跑步、练俯卧撑、掰腕子、举重物。为书店搬书这种笨重活，他也是争着干，一是为了工作，二是为了锻炼。一有空他还用一捆捆的书练举重。他每天坚持锻炼，身体状况大有改善，个子长高了，体魄也结实些了。

陈云学习非常刻苦。在商务印书馆期间，他每天利用早晚时间读书、习字，看遍了书店中的童话、章回小说、少年丛书，有时也翻翻杂志。他还利用下班后的时间到商务印书馆办的"上海图书学校"学习了 3 年，学的内容主要是中英文、书店店员必须掌握的基本知识等。从图书学校结业后，陈云开始有选择地阅读一些政治书籍，以探求救民强国的真理。虽然只有高等小学学历，他却是当时发行所年轻同事中学识最渊博的一个。

# 10 | 二十岁的委员长

商务印书馆在上海的位置重要，在全国的影响也大，中共中央十分重视这里的职工运动。当得知商务印书馆正在为五卅运动酝酿罢工时，中共中央再次委派徐海坤到商务印书馆，并由沈雁冰（茅盾）、杨贤江等十几人组成了临时党团，还派上海印刷工会秘书长进馆加强领导罢工的力量。陈云因为在发行所职工中有较高的威信以及在五卅运动中的表现，被临时党团作为组织罢工的骨干。

经陈云和其他党员广泛而深入的动员，罢工临时党团以五卅宣传队的名义，秘密召集商务印书馆发行所、印刷所、编译所、总务处的40多名党团员和积极分子开会，商量罢工策略、步骤和方法。

1925年8月21日晚上，商务印书馆发行所工人运动积极分子会议召开，到会168人，起初在三民学校召开，因军警干涉，临时易地数次，最后于青云路上海大学附属中学内继续开会。这次会议由陈云主持，会议作出了举行罢工的决定，草拟了罢工宣言、复工条件和职工会章程草案等文件，确定了罢工领导机构。

商务印书馆发行所位于租界闹市区，不但消息传播快、影响大，而且是馆里的收入大户。因发行所尚未成立工会，所以馆方对发行所也不太注意，因此，陈云等人决定首先在发行所开始罢工。8月22日上午，陈云带领一些罢工骨干，先仔细检查了有关准备工作，然后从容不迫地下达指示：关上河南路发行所的铁门，没有命令不得开门，将各部门的钥匙集中保管。然后，发行所400多名职工在4楼食堂开会，宣布这次罢工的原因：（一）薪水太薄。月薪不足20元的职工占75%，学徒初期月薪不足2元，3年后5元，职员做满5年的月薪也超不过20元。（二）工作时间太长。职员每天上午8点上班，下午7点下班，工人每天工作时间在14小时以上。（三）分配不公。每年分红时，总经理、经理和高级职员得几万元或几千元之多，普通职员只有十元或数十元。会上散发了许多传单，会议一致通过要求馆方承认工会和改善待遇的12项复工条件，并宣布商务印书馆发行所成立职工工会，陈云被选为发行所职工会委员长。

发行所罢工后，印刷所、总务处、编译所先后响应。

8月22日晚上，总务处同仁会、发行所职工会、印刷所工会在俱乐部开会，会上大家一致表示联合行动，成立全馆罢工执行委员会，推选陈云担任委员长。这时的陈云只有20岁。

8月23日下午，全馆4000多名职工集中在俱乐部前广场上召开大会，宣布复工初步的条件：承认工会，增加工资，缩短工时，废除包工制，优待女工，优待学徒，不得因此次罢工开除工人，罢工期间工资照发等。

8月24日下午，召开"三所一处"联席会议，由沈雁冰执笔，共同修改复工条件。然后，派13名职工代表带复工条件同馆方谈判。馆方坚持先复工后谈判，谈判陷入僵局。这时，商务工会致函上海总工会、上海总商会、上海各马路商界联合会、上海学生联合会等六团队，请求他们给予声援。六团体收函后立即成立商务罢工后援会，表示全力援助商务罢工。

中华全国学生联合会和上海学生联合会向馆方提出抗议：馆方如不接受职工复工要求，将号召全国各地停止使用商务印书馆出版的教科书。这个抗议给馆方极大的压力，对商务职工有力支持。"三所一处"发表《四团体联合宣言》，宣言最后表示：罢工条件一日不胜利，我们是一日不上班！

8月27日，馆方无可奈何，同意劳资双方举行谈判，双方经过一天的谈判，终于签下了基本上满足职工要求的复工协议。

# 11 | 入党

那时，商务印书馆是中国共产党的一个秘密联络点，联络员是沈雁冰。陈云在夜校开始接触到马列主义思想。《共产党宣言》《辩证唯物论》和《唯物史观》成为他反复阅读、反复琢磨的书籍。他还结合自己参加声援五四运动的经历，以及到城市之后的所见所闻，深入思考这种社会现实的紧迫性。因此，在夜校学习这个共产党的联络圈里，他与同志们相处密切，思想进步快。

陈云在商务印书馆除了积极参加卖报的工作外，还积极参加商务印书馆组织的募捐活动，他平时省吃俭用，把积攒的工资捐出来，还组织青年工人宣传革命道理，上街募捐。

他在这场斗争中得到了锻炼，同时，运动也迫使他思考了一些问题。当时商务印书馆受爱国运动的影响，不公开反对出版《公理日报》，而且还动用公款支持，馆方几个主要负责人张元济、高梦旦、王云五每个人还捐助了 100 元。但馆里不敢承印这份报纸。后来，由于经费、印刷等方面的原因，这家具有进步思想的报纸被迫停办……从此，他看到了中国民族资产阶级的软弱性，而中国共产党及其领导的工人阶级却是中国民族运动的坚定力量。

夜校的读书学习和现实生活让陈云对他原来信奉的国家主义和三民主义，产生了怀疑。

陈云在一次次革命斗争中深感，个人命运是同国家和民族命运联结在一起的，可怎么去联结？仅仅靠国家主义、三民主义是行不通的。在组织商务印书馆的工人罢工中，他分析形势，洞察现实，注意到了民族资产阶级软弱的一面，大胆同上海共产党组织在商务印务馆的临时党团同志一起果敢地开展工作，迫使馆方答应了工人复工的条件，让罢工取得了胜利。

那时鲁迅和一些革命同志常去商务印书馆排队领稿费，虽然陈云与他们还不相识，但罢工胜利后的人文环境更让他领悟了许多。陈云的思想觉悟和组织能力已引起了商务印书馆临时党团组织同志的高度重视。

沈雁冰先期已介绍了董亦湘加入中国共产党。罢工胜利后，董亦湘、恽雨棠又介绍了进步很快的陈云。陈云在商务印书馆这个党的秘密联络点，面对党旗庄严宣誓，成了一名光荣的中国共产党党员。

陈云后来在自传中对入党一事这样写道：

"入党动机显然由于罢工运动和阶级斗争之影响。此时看了《马克思主义浅说》《资本制度浅说》，至于《共产主义 ABC》还看不懂。这些书看来它的道理比三民主义更好。罢工斗争和看了两本书就加入了党，但是我自觉入党时经过考虑，而且入党以后，自己觉得此身已非昔比，今后不是做成家立业的一套，而是要专干革命。这个人生观的改革，对我以后有极大的帮助。"

"那时确了解了必须要改造社会，才能解放人类。这个思想对我影响很大。做店员的人，有家庭负担的人，常常在每个重要关头，个人利益与党的利益有冲突时，要不止一次地在脑筋中思想上发生矛盾。而这种矛盾的克服，必须赖于革命理论与思想，去克服个人利益的思想。比如，当我在参加革命后，资本家威胁我时，我想到吃饭问题会发生危害，但立即又想道：怕什么？手足健全的人到处去得，可以到黄埔军校，可以卖大饼油条，只要立志革命，不怕没饭吃，归根到底，只有推翻现在的社会制度以后，大家才有饭吃。"

大家有饭吃，才能真正解决自己有饭吃。陈云从入党时举起右手那天开始，如此朴素地理解了"为共产主义奋斗终生"的大道理。成为一个共产党员之后，他意志更加坚定，并已将个人利益和生死置之度外。

## 12 | 与周恩来并肩战斗

1926 年 10 月和 1927 年 2 月，在中国共产党的领导下，上海工人先后举行过两次武装起义，但均告失败。这两次起义失败后，陈云离开上海到了浙江余姚，指导并参加了那里的工人运动。

1927 年 3 月，陈云回到了商务印书馆。

中国共产党根据上海工人群众的斗争情绪和北伐战争的发展形势，决定发动工人举行上海第三次武装起义，并由党的特别委员会作为第三次武装起义的最高领导机关。特委由中共中央和上海区委主要领导陈独秀、周恩来、罗亦农、赵世炎、汪寿华等人组成。周恩来是中共中央军委书记、特别军事委员会的负责人，担负上海第三次武装起义总指挥的重任。

周恩来的总指挥部就设在商务印书馆的职工医院内。陈云带领商务印书馆工人纠察队负责指挥部的安全保卫工作，并在起义中执行攻打闸北区警察署的关键任务。

从此，陈云与周恩来走到了一起。为确保完成任务，陈云除组织队员进行军事训练外，还要做宣传、消防和救护工作部署，并秘密推演了攻占方案，力求在起义打响时万无一失。

1927年3月21日，经过两天一夜的血战，起义取得了完全胜利，上海特别市临时政府宣告成立。

周恩来赏识陈云的才干，陈云也非常佩服周恩来的务实作风。两人一见如故！后来，他与周恩来等同志一道为上海的党的工作作出了突出贡献。

## 13 | 舅父舅母的担心

1927 年 8 月，陈云在反革命气焰最为嚣张的上海担任沪中区区委委员，继续领导开展党的地下工作。9 月，根据党的工作需要，他离开上海市返回青浦县老家组织领导乡村暴动，在当地 20 多个乡村恢复或建立了农会组织。

陈云返回青浦组织农民暴动，成立农会，工作日益繁忙，很少回练塘舅父家看望亲人。舅父舅母知道陈云是在干为穷苦人翻身解放的大事，一直在为他的安全担心。

1928 年 1 月 26 日，随同陈云的两位负责人吴志喜、陆龙飞同时被国民党反动派逮捕杀害。两位壮士英勇不屈，大义凛然，就义前那威严的口号声吓得行刑的士兵不敢开枪，敌人只好更换行刑士兵。消息很快传到了练塘镇上，陈云（化名陈亨）也正在通缉名单之中。

吴志喜、陆龙飞殉难后，中国共产党在青浦、松江、金山地区的革命活动受到了严重影响。陈云等20人被通缉，他们已无法在青浦、松江、金山地区立足。为了保存革命力量，陈云把已暴露身份的共产党员、农民军和农会骨干转移至上海，自己则秘密返回练塘舅父家。

夜里，陈云从那条市河上悄然回到了亲人身边。舅父拉着陈云的手，想起早逝的姐姐和姐夫，尤其是母亲临终前的那番话……流着泪劝说，不要再做"造反"的事了，家里准备为他成亲。舅父舅母担心陈云像他的革命同志一样有闪失。

陈云面对舅父的眼泪，心里像针扎一般难受。他从小失去父母，是舅父舅母抚养他成人，他怎能忍心让亲人们牵肠挂肚、担惊受怕呢？但此时的陈云已不再是当年站墙角听评弹的孩子了，他是青浦县中共地下党的县委书记、党的领导干部、一位坚强的革命战士。他早已把个人的生死荣辱置之度外。

陈云离开商务印书馆，在集体宿舍向工友们告别时，也有工友劝他别再冒险闹革命了。陈云掷地有声地留下16个字："铁窗风味，家常便饭；杀头枪毙，告老还乡。"

陈云面对舅父舅母，他抑制住自己的感情，冷静地说："不推翻现在黑暗的社会制度，个人及家庭是没有出路的，只有到了革命成功时，人人可以劳动而得食时，人人家庭都可解放，我的家庭也就解放了。"

见陈云如此坚决，舅父不好再阻拦。接着，舅父舅母只好帮助陈云尽快离开家乡，并建议他往西去浙江嘉善李桂卿家隐蔽。李桂卿是舅父的挚友，嘉善又处两省交界地区，水乡出入也方便。陈云听了舅父舅母的安排，便告别舅父，由舅母陪伴乘小船去了浙江。

# 14 | 中央特科负责人

国民党白色恐怖加剧。1931 年 4 月 24 日，担任上海地下党中央保卫工作的顾顺章被捕后叛变，我党在上海的中央机关将面临灭顶之灾。

顾顺章叛变的消息被打入国民党中央组织部调查科的共产党员钱壮飞于当日截获。钱壮飞立即派人通过平时与他及中共中央都有联系的中共江苏省委书记陈云，将此消息转报到中央。中央委托周恩来全权处理这一对中共中央领导机关安全造成极大威胁的紧急事变。

周恩来立即找来陈云商量对策，然后召集特科的聂荣臻、陈赓、李克农等人召开紧急会议，果断采取紧急措施。在这千钧一发的紧要时刻，特科终于抢在了敌人的前面，迅速妥善地保卫了党中央和江苏省委机关的安全，粉碎了敌人妄图一网打尽我党领导同志的阴谋，使党避免了一场大灾难。

中央特科，即中共中央特别委员会，1928 年 11 月 14 日由中央政治局常委会决定成立，负责保卫党中央机关安全，了解和掌握敌人动向，向苏区通报敌情，营救被捕同志，惩办叛徒。

1931 年 6 月 10 日，中共中央政治局召开会议，通过由周恩来起草的《中央审查特委工作总结》，决定重建中央特委。经中央研究决定，由周恩来、陈云、康生、潘汉年、邝惠安重新组成中央特别工作委员会，领导中央特科的工作。其后，随着形势不断恶化，中央决定将周恩来撤离上海，任陈云为中央特科总负责人。

陈云担任特科书记时只有 26 岁，长期的地下工作让他积累了丰富的经验，他除了注重特科原有几个科的建设外，他还特别注意特科的外围组织建设。他善于利用敌人的弱点，与敌人巧妙周旋。

为了掩护特科工作，他设立了两个掩护机构：一个叫新生印刷厂，一个叫裕大南货店。

一天，新生印刷厂门前贴出了一张出租房屋的广告。参加会议的同志都以看房子为名陆续来到了印刷厂，人一到齐，门口的广告就被撕了下来。……为保证会议开得安全，每次变换花样。印刷厂既负责秘密印刷党内机密文件，又成了上海的党的一个秘密联络中心。

裕大南货店开张，陈云估什到会有一批流氓来讨所谓的"喜钱"（开门钱）。如果不打发他们，那么在开张的头三天里，大小流氓就会强赊硬买，要下东西不付钱。于是，陈云花 40 元钱买通了捕房的"包打听"，结果，大小流氓都以为这家老板有"后台"，不敢上门了。这不仅让南货店顺利开张，且对以后工作开展也提供了一定的便利。

又一次，党的一位重要同志被关进捕房，好在身份尚未暴露。陈云又用钱打通了与捕房的关系，他亲自去捕房与同志接头，联系上要紧的工作，完成了通联任务。

"金钱万能""有钱能使鬼推磨"，在当时上海的资本主义社会里表现得淋漓尽致。人人唯利是图，见钱眼开。陈云透视了这个剥削社会的本质，利用敌人的弱点，攻其"软肋"，破其"死穴"，他对同志说："在资本主义社会中，钱的作用不可小觑，应该善于利用资本主义社会的弊病……只要把钱花得恰当，我们进入敌人堡垒是完全可能的。"

随着上海敌特组织活动日益猖獗，国民党中统特务对鲁迅的监视越来越严密。而自1932年党内连续出现叛徒后，曾主持中央工作的瞿秋白一直受到敌侦探的追踪，当时其又病得很重，不能远离上海，党组织把他安置在鲁迅家中隐蔽。随后敌人对鲁迅的监视越来越严密，为了保证瞿秋白的安全，也为了保护鲁迅先生，党组织决定尽快把瞿秋白夫妇转移到其他地方。

1932年底，中央特科接到中央一项重要任务后，陈云于阴历十一月的一个深夜，独自坐上黄包车、戴顶铜盆帽穿越市区纵横交错的小路，驶入北四川路口，按照同志事先告知的门上记号，轻轻地敲开了鲁迅寓所的门……

## 15 | 鲁迅的脸色

1932 年 11 月，已被中央特科"端掉"了的国民党中统上海行动筹备处，变本加厉地在职华路东侧的石库门内正式成立了国民党中统局上海行动区总部。上海行动区总部以侦破中共中央在上海的秘密机关为行动目标，疯狂地破坏上海的中共组织。在这种恶劣的形势下，设在上海的中共临时中央的行动日趋艰难，中共临时中央不得不把一些党内重要人物转移出上海。

就在这一时期，一个名叫刘翰荪的特务经常出入内山书店，监视鲁迅的活动以及与鲁迅交往的人员的动向。这时，曾主持过中央工作的瞿秋白及夫人杨之华就在鲁迅家中隐蔽。瞿秋白病得很重，不能远离上海。但鲁迅明知自己已被暗探跟踪，还是尽全力保护了瞿秋白夫妇几个月。随着上海特务组织活动的日益猖獗，中统特务对鲁迅的监视越来越严密。自 1932 年党内接连出现叛徒后，瞿秋白一直受到敌侦探追踪。为了保证瞿秋白以及鲁迅的安全，党组织决定把瞿秋白转移到其他地方。

1932 年 12 月 23 日深夜。一辆黄包车上，坐着一个头戴铜盆帽的人，帽子前檐压得盖住了前额，身着旧西装大衣的衣领全部翻起，掩住两颊。黄包车夫拉着车子在市区纵横交错的小路上穿梭，于北四川路口 1 路电车掉头处停了下来。那个衣领翻起的人付了钱，看着周围没有人盯梢，便迅速走进沿街的一座三层楼住宅的大门。这是一座分间出租的住宅，走进大门就是楼梯，这人上了三层楼。他看到了门上约定的记号，认定这就是鲁迅先生的家。

"咚咚"，他用指头轻轻地敲了两下门。里面很快出来了一位妇女。

他翻下衣领，问："周先生在家吗？我是某先生要我来，与某先生会面的。"

女主人一听，很是亲切，把他请了进去。

瞿秋白的行李已准备好，一个小包袱装着他们夫妇的几件换洗衣服和几篇稿子，几本书放在杨之华的手提包里。

刚进来的人以为行装还未打点齐，问："还有东西呢？"

"没有了。"

"为什么提箱也没有一只？"

"我一生的财产尽在于此了。"瞿秋白安然地回答，转脸问对方，"远不远？"

"很远，我马上去叫一辆黄包车。"他边说边转身要卜楼。

鲁迅一直站在旁边，神态庄重，见此，急忙跨上前对来客说："不用你去，我叫别人去叫黄包车。"说着便招呼女主人马上下楼去叫车去了。

此时，瞿秋白介绍鲁迅和陈云俩相识。陈云久闻鲁迅大名，却是第一次见面，他走上前尊敬地说："久仰得很！"

鲁迅穿一件旧的灰布棉袍子，脸色庄重而略带忧愁，流露出为瞿秋白夫妇和陈云安全的担心。他问陈云："深晚路上方便吗？"

陈云安慰道："正好天已下雨，我们把黄包车的篷子撑起，路上不碍事的。"

不一会，女主人回来说："车子已经停在门口。"

"走吧。"陈云边说边帮杨之华提包袱。

走到门口，瞿秋白对鲁迅先生说："我要的那两本书，请你以后就交给某某带给我。"他又指着陈云说："或者请这位同志到你这里来拿一下。"

陈云点头说："隔几天我来拿。"

陈云说完想伸手开门，见两位女同志还在话别，便又示意稍候。

鲁迅也在叮嘱瞿秋白："今晚上你平安到达那里后，明天叫某某告诉我一声，免得我担心。"

陈云一行三人走出了房门，下楼。鲁迅和女主人在门口连声说："好走，不送了。"

走到楼梯拐弯处，陈云回头望去，见鲁迅和女主人还在门口目送着他们，鲁迅仍是那副庄严而略带忧愁的面容。

瞿秋白也回过头来，深情地对鲁迅说："你们进去吧。"

鲁迅没有作声，只是默默地点了点头。

"噗"……他们从三楼下到二楼时，才听到上面的关门声，关门声好像也是那样庄严而略带忧愁。

此后，陈云就再也没有机会来过，"隔几天来拿书"成了遗憾，再也没与鲁迅见面更成遗憾。4年后，在苏联学习时，得知鲁迅病逝的消息，陈云撰写《一个深晚》的短文悼念鲁迅。文中记述了1932年12月为转移在上海鲁迅住所避难的瞿秋白夫妇而与鲁迅会面的经过，以生动的事实说明鲁迅是中国共产党最好的朋友。其中写道："当我读了报纸上鲁迅病卒的消息时，我脑子里一阵轰轰的声音，坐在椅子上呆呆地出神了几分钟，那身穿灰布棉袍和庄严而带着忧愁脸色的鲁迅立刻在我脑子里出现，似乎他还在说：'深晚路上方便吗？'鲁迅虽然死了，但是鲁迅的思想却深印在中国百万青年的脑子里。鲁迅的'坚决，不妥协的反抗'精神，永远遗留在我们中国青年的思想里，将领着他们走上解放中华民族与解放劳动大众的光明大道。"

# 16 | 《苏区工人的经济斗争》

1933 年 1 月，根据党的指示，陈云以中华全国总工会党团书记的身份来到中央苏区瑞金。踏上江西这块红色热土，他找到了回家的感觉，过去是地下工作，现在是光明正大工作，他充满激情，迅速投入苏区紧张的职工运动，下基层、进工厂，摸情况、听反映，争分抢秒，不知疲倦地工作。

经过毛泽东、朱德、周恩来等领导人的艰苦努力，苏区的职工运动粗具规模，成绩令人鼓舞。但职工在工作中也被打上了"左"或右的烙印。陈云将"左"和右的倾向在职工工作中的表现分别开出单子，并毫不留情地予以抨击。

陈云在领导苏区职工运动的同时，也接触到了根据地开展经济斗争的不少情况。他了解到，由于接连不断的军事胜利以及猛烈发展的革命战争，迫切要求苏区军民开展经济战线上的斗争，进行各项必要和可能的经济建设。"只有具备宽裕的物质条件，才能坚持长期而残酷的革命战争，才能改善军民的生活。"

陈云在理论和实践的结合上，对苏区经济斗争中存在的问题进行了深入的探讨，从而为苏区的经济斗争提出兴利除弊的中肯意见。他花几天时间，挑灯夜战，写成了《苏区工人的经济斗争》。

中国共产党苏区中央局权威报刊《斗争》第 9 期醒目地登载了陈云的这篇文章。只有小学文化的陈云，写出的文章在苏区党政机关和广大军民中引起了不小的震动。在此之前，陈云第一篇较有影响的文章是写于商务印书馆发行所，他在所里自己办的刊物《职工》上发表出《中国民族运动之过去和将来》。陈云从评价五卅运动的历史意义开始，谈到农民是中国革命唯一一大主力，并指出，"农民不参加运动，中国革命鲜有希望"。

苏区干部、群众争相阅读陈云的这篇文章。有的说，陈云的文章观点鲜明，通俗易懂，既富哲理，又符实情。有的说，文章批判了经济斗争中的不良倾向，剖析了产生这些错误倾向的原因，必将使经济工作中的工团主义、官僚主义、命令主义等错误无地容身。也有的说，文章提出了正确的苏区经济斗争方法，揭示了发展苏区经济应采取的策略，是一篇难得的、很有指导性的文章。

陈云的文章犹如经济工作中的"清醒剂"和"强心剂"，让苏区各级领导头脑清醒，给苏区经济工作注入新的活力。

3 个月后，时任中华苏维埃共和国中央执行委员会主席的毛泽东，写下了《必须注意经济工作》，对根据地的经济工作提出了全面的要求。1934年1月，毛泽东的另一篇重要文章《我们的经济政策》相继问世。文章明确阐述了苏区经济工作的各项重要政策。从此，江西苏区经济斗争更加如火如荼，成就令人瞩目。

# 17 | 长征中的"长征"

四次"围剿"失败之后，1933 年下半年，国民党发动了对中央苏区的第五次大规模"围剿"。由于博古、李德"左"倾冒险主义军事路线，中央苏区第五次反"围剿"失败，红军主力被迫转移。

中央红军撤离苏区之前，党中央、中央军委决定向红军第五、第八、第九军团派中央代表，并决定由陈云担任第五军团的中央代表。

陈云赴任前，朱德、周恩来亲自找他谈话。他们向他介绍了红五军团的主要领导人军团长董振堂、政委李卓然、参谋长刘伯承、政治部主任曾日三等人的情况。周恩来向这位曾与自己在上海武装起义中并肩作战，在上海特科工作中与敌巧妙周旋的铁杆战友郑重交代：中央的意图是长征由五军团殿后，担负掩护整个部队的任务。殿后有许多预料不到的事情会发生，为了全军的整体利益，甚至要做好部分牺牲的准备。中央决定派你去担任中央代表，负责掌握全军的后卫情况，要当机立断处理紧急问题。这实际上是赋予了陈云最后的决定权。

陈云过去没有在部队中任过职，对部队情况不熟悉，也没有什么作战经验，一下子挑起这样的重担，确实非常困难。但在困难面前决不低头是他的一贯作风。他毫不犹豫地向周恩来和朱德表示，一定同军团其他领导人一起，坚决完成中央交给的后卫掩护任务。

1934年10月18日晚，陈云随红五军团从兴国曲利出发，踏上了长征的征途。

红五军团担负的全军后卫任务，其中的艰难可想而知。当时只有红十三师和红三十四师6个团的人马，要挡住几倍、十几倍敌人的冲击。尤其中央领导人在转移时犯了逃跑主义错误，将转移战略变成搬家式的大迁徙，随军带上印刷机器、军工机器等笨重的器材。8万多红军在羊肠小道上行进，拥挤不堪，行动迟缓，常常是一夜只能翻越一个山坳，这更加重了后卫的负担。好在身经百战、善于用兵的红军总参谋长刘伯承当时被贬到红五军团兼任参谋长，陈云同军团领导率五军团边打边走，顽强阻击敌人。

1934年12月1日，随红五军团军团部渡过湘江。见五军团部分部队仍滞留东岸与敌人激战，陈云急书便信，交刘伯承派人过江送交陈伯钧等。信中写道："这是紧急关头，关系中国革命的命运，希望你们下最大决心，赶快拉过湘江。"第十三师终于过江。但红五军团的后卫师第三十四师、红三军团第十八团和红八军团部分兵力被阻于东岸，大部壮烈牺牲。突破湘江虽粉碎了蒋介石围歼中央红军于湘江之东的企图，但中央红军也为此付出极为惨重的代价。部队指战员和中央机关人员长征出发时为 8 万余人，渡过湘江后减为 3 万余人。

后来，陈云在向共产国际汇报时说："西征的第一个阶段，是从江西到贵州。我们认为，这个阶段取得了胜利，因为我们突破了敌人的四道封锁线。封锁线上有许多用钢骨水泥筑起的工事，埋伏了机关枪。这些地带敌人认为是攻不破的，他们本想以此来把我们困死在苏区里。我们击溃了工事里的敌军，冲过了四道堡垒封锁线。"

1935 年 1 月 7 日，红军先头部队占领遵义。1 月 9 日，陈云同刘伯承率军委纵队进驻遵义城。

1935 年 1 月 15 日至 17 日，陈云出席了在遵义召开的中共中央政治局扩大会议（通称遵义会议）。会上，陈云积极支持毛泽东等人的正确主张。后来，陈云为了向红军中央纵队传达遵义会议精神的提纲，写下了《遵义政治局扩大会议传达提纲》。这份手稿记载了遵义会议前后的有关情况，对遵义会议召开的目的、酝酿过程、会议的主要内容，尤其是党中央的组织变动情况等重要史实，都有明确的记载，是一份弥足珍贵的历史文献……

## 18 | 秘密使命

红军主力渡过金沙江之后不久，长征队伍中突然不见了陈云，连与陈云很亲近的人也不知道陈云去了哪里。许多人以为陈云同志已经牺牲了。

红军长征开始后，蒋介石一方面调集部队对红军主力进行围追堵截，另一方面疯狂破坏白区党的组织，致使上海的党组织遭到严重破坏。当时，苏区中央与共产国际的联系，大都是通过上海的党组织进行的，中共中央上海局被破坏后，红军即失去了与共产国际的联系。红军唯一一台100瓦的大功率电台已在湘江之战中被毁，因此，也无法与共产国际建立直接的联系。渡过湘江之后，中央为了重新建立与共产国际的联系，曾派了一名地下工作者到上海与地下党联系，但未能成功。遵义会议后，中央认为有必要将长征和遵义会议的有关情况及时通报共产国际，同时，也必须恢复白区的党组织，以配合红军主力的作战。中央决定再次派代表去上海完成这一使命。陈云对上海的情况比较熟悉，也有着丰富的地下工作经验，曾担任过中共中央白区工作部部长职务，是担负这一使命的最合适人选。

这是中央的核心机密，只有少数几人知道。二渡赤水后，潘汉年即奉命先行离开长征队伍，准备先期到上海与陈云接头。陈云渡过金沙江到达四川天全县之后才离开长征队伍，踏上长征中的"长征"路。

陈云离队去上海，可谓路途艰难，危机四伏。在四川，他人地生疏，又满口上海话，很容易被人识破。尤其此时蒋介石正坐镇四川成都指挥"围剿"红军，四川境内军警、特务遍地皆是，稍有不慎即会落入敌手。为了确保陈云的安全，党组织特地安排了熟悉四川情况又机智勇敢的当地地下党员席懋昭护送他出川。

为了避开追击红军的敌军，化装后的陈云和席懋昭从天全县离开长征队伍，准备绕道荥经县，经雅安奔成都、重庆。

离开长征队伍没多远，黄昏时分，突然从后面跑来一个人，浑身是泥，慌慌张张，上气不接下气。原来，这是中央为他们的安全所作的安排。此人原是荥经县的一个地主，时任国民党天全县教育局长，在准备逃往荥经县时被红军抓获。中央担心陈云对去荥经县的小路不熟，常打听又容易露出马脚，于是决定利用此人给陈云他们带路以安全通过荥经县。于是，红军把他押往灵关殿，即陈云他们离开长征队伍的地方，待陈云他们离开关殿后，有意让他逃跑。

见他走过来了，席懋昭主动与他搭话，说他和陈云是为了躲避红军而逃的。这个教育局局长信以为真，便也讲出自己的事情。于是，他们三人结伴而行，顺利到达他荥经的老家。到了他家，他还要设宴款待"患难之交"，为了不引起怀疑，陈云他们还在他家住了一晚上。这位局长先生万万没想到，他招待的却是共产党的中央政治局委员。

过了荥经县之后，他们再拿出刘伯承的两封亲笔信落脚。到了成都时，陈云这位"江浙商人"托人在成都《新新新闻》报上刊出一则《廖家骏启事》：

> 家骏此次来省，路上遗失牙质图章一个，文为廖家骏印，特此登报，声明作废。

这实为事先他与陈云约定的暗号。周恩来在长征路上读到了报纸上的这则"启事"，知道陈云已安全到达了成都。在重庆，陈云与护送自己几十天的战友席懋昭分手，坐上了去上海的轮船。

到了上海，陈云几经周折才与地下党组织取得联系，但上海的地下党组织已遭到严重破坏，无法开展活动。不久，上海临时中央局、中共江苏省委再遭破坏，主要领导人几乎都被捕了。对此，陈云深感担忧，自己的生命危险可以不顾，但党在长征路上交付的重任一定要完成。

正当陈云为下一步行动焦虑的时候，中共驻共产国际代表团指示陈云及在上海的一些其他重要领导人立即离开上海，前往苏联。陈云经过考虑，认为亲自去苏联，可以与共产国际建立直接联系，这也正是此行的目的。

1935 年 9 月，在宋庆龄的帮助下，陈云与陈潭秋等一行躲过了敌人的追踪，混上了去苏联的一条货船，藏在船的底舱。舱底空气稀薄，霉腐气味刺鼻，几乎在人要晕过去的时候，货船终于驶出吴淞口。他们才走出底舱，呼吸新鲜空气，摆脱了敌人。他们从上海坐船到达海参崴，再转火车到达莫斯科。

陈云到了莫斯科，很快代表中共中央与共产国际取得正式联系，向共产国际介绍中国革命的最新情况，尤其是红军在湘江战役的重大损失和遵义会议的转机。长征前，共产国际通过往来电报，对中国革命的一些情况有一定了解，但长征开始后不久，唯一一台 100 瓦电台在湘江战役中毁坏导致联系中断，共产国际的同志们也迫切希望能够了解中国革命特别是红军的情况，陈云的到来让他们喜出望外。从此，共产国际了解到中国共产党和中国革命的实际情况，增加了对中国共产党的领导人毛泽东、朱德、周恩来等人的了解，尤其是对毛泽东的正确了解。

1936 年，中央红军到达陕北之际，共产国际机关刊《共产国际》第一、二期合刊上发表《中国人民领袖毛泽东》一文。可见，陈云到达莫斯科后，共产国际的态度很快发生改变，过去对毛泽东的误会消除。文章据实称赞毛泽东铁的意志、布尔什维克的决心和英勇无畏的精神称赞他为革命名将和政治领袖的无限天才。

共产国际的支持对确立毛泽东在中国共产党的领导地位有着极其重要的意义。可见，陈云在对确立毛泽东在中国共产党的领导地位有着直接的贡献。

# 19 | 接应西路军

1936 年 11 月 8 日，中共中央根据共产国际的意见，由徐向前、陈昌浩部组成西路军，欲在河西创立根据地，直接打通同共产国际的交通线。此次西征失败，西路军损失惨重。右支队溃散，左支队于 1937 年 4 月 12 日，在李先念等人的带领下终于走出了祁连山，开始向新疆前进。

陈云、滕代远按照中共中央指示，代表中央与新疆盛世才谈判取得成功。他们打着红旗，率几十辆车队，寻找迎接西路军余部。左支队第一批战士于 4 月 27 日下午 5 点走出戈壁和荒漠，来到了甘肃和新疆交界的星星峡。陈云率领中央援接西路军余部的队伍赶到星星峡迎接救援，大批的生活用品准时运到了星星峡。陈云代表中央慰问：给每人一套棉衣、一套单衣、一套衬衣、一双皮靴、一双袜子、一个瓷杯、一双筷子，还有羊肉、苏联的纸烟和白糖。同时，陈云还争取了盛世才空运一批物资。西路军剩余的 400 名战士在陈云的关怀下，很快恢复了体力。

5月1日，陈云在星星峡主持召开西路军余部全体指战员会议。会上，陈云代表党中央和毛泽东，向历尽艰辛、九死一生的战士们表示亲切慰问。面对西路军遭重挫之后士气低落，他语重心长地对大家说："你们经过那么多困难都过来了，人都累得不像样子了，不投降敌人，还团结在一起，能够跑到这里来，是好样的，是党的好战士！革命斗争也有失败，只要我们保存下革命力量，我们就会发展壮大起来。你们虽然只剩下几百人，但都是革命的种子，将来可以发展成几千人、几万人、几十万人，去夺取革命的胜利。"他还说，党中央对西路军始终很关心，想了很多办法援救陷入困境的同志们。陈云还要求大家把自己制作使用的武器以及衣服、鞋袜等物品，全部保存起来，将来送到莫斯科共产国际去，让全世界的无产阶级看看，中国工农红军是在什么样的艰苦条件下从事解放斗争的。

陈云的一番话、一系列工作温暖了西路军战士饱受创伤的心。后来他又给这400名战士创造一个较好的统战环境，组织大家学文化、学驾驶汽车、开装甲车，还让这批人成为我军第一批掌握航空技术的干部。

陈云的漫漫跨国"长征"，也如期在红军长征大会师之际，与西路军余部先期"会师"。

1937年11月，时年32岁的陈云按照党中央的指示回到了延安。党中央根据陈云的工作，增补他为中央书记处书记并任命他为中央组织部部长。

# 20 | "军医" 作家书闻所未闻

陈云在莫斯科重新恢复了中国共产党同共产国际的联系，圆满完成了以毛泽东为核心的党中央的重托。之后，陈云被暂时留在了中共国际代表团工作，后来又进入列宁学院学习一段时间。

住在莫斯科宽敞明亮的房子里，陈云是较舒适的。但他心灵难安，他总是想起红军战友们还在日夜穿梭于崇山峻岭，尤其是湘江战役，他率领的红五军团的三十四师没有一个人过江，全军壮烈牺牲在湘江河畔，师长陈树湘在用手绞断自己的肠子……想起泸定铁索桥上那一步步在枪林弹雨中爬行的勇士们，他的心一刻也不得安宁。

陈云每天睡不好，吃不香。他越想心里越难过，泪水沾衣，热血沸腾……

红军，这支为劳苦大众翻身解放、为世界和平北上抗日的钢铁军队，跨越千山万水，追求理想，创造奇迹，战胜了自然和社会障碍的最大极限。应该像评书一样把他们传播出去，让人们记住这段光辉的历史，更让全国人民看清楚红军不是"赤匪"，而是真正为人民解放事业不懈奋斗的军队。

中央红军长征到陕北，可我们的其他几路红军的长征还在长征路上艰难进行中。我们离中国革命胜利还相距甚远。战友们还在行军打仗，还在流血。尽管他无法像往日一样同大家一起同生死共患难，但他还可以以笔当枪，他用笔杆子在另一个战场同敌人战斗！

他要让世界包括国民党统治区的人民了解自强不息、百折不挠的中国工农红军，了解中国共产党人的理想、品格和风貌，了解中国共产党为救民族于危难之中所采取的路线、方针和政策，让一切善良的、爱好和平的人们理解、支持他们的事业。

可是，怎样才能达到这个目的呢？他想要写得像评书一样，既要是真实的记录，又要是文学的演义。他冥思苦想，最后决定不用真名去写，用化名去写，虚构一个人物，用一个虚构的人物写随军记。这个人物应是经历了国民党和共产党两支军队的生活，这样能使这个人物更具有比较性。

最后，他决定用"廉臣"作笔名。为了便于在国民党统治区内流传，扩大在普通人民群众中的宣传普及面，他还在书中把"红军"改称为"赤军"，并将"廉臣"定为国民党随军医生，对自己的长征生活的描述也限制在"军医"的生活范围内。

为什么这么构思？陈云自有充分的理由：

第一，这样一来就可以让"廉臣"活动在后方，相对远离各个局部性的战斗，而且因工作的缘故还能接触到各个单位的红军干部和战士，那么对"廉臣"的记录就具备一定的全局性。因为从军医的角度来描述红军长征的全过程，比起一个目不识丁的普通国民党士兵来说，更加令人信服。这样读者就能概括了解到队伍的全貌，不仅突出了宣传的重点，而且效果还好。

第二，作为医生，毕竟活动的范围有限，因此在书中可以不涉及一些敏感性的内容，如红军高层领导人的变化、红军战略战术的调整、红军的实力、红军总体上的伤亡情况等。

第三，便于从中国立场上来描写红军长征的历程，介绍中共高层领导人、红军干部战士的人物事迹，通过对所见所闻客观的记录，来反映共产党人的风采、品格和精神面貌，并能在国民党统治区内传播，以向思想观点不同的人士进行宣传。

第四，作为曾在国民党和共产党两支军队中都工作生活过的人，对"廉臣"的比较性描述能给读者更深的印象。通过对红军铁的纪律、新型的官兵一致关系、百折不挠的意志和机智灵活的战略战术的记述，使国民党的反动报刊强加于红军头上的各种诬蔑和谎言不攻自破。

第五，在书中，"廉臣"表达了希望国共两党在民族危亡的紧急关头能进行第二次合作，共同打败日本帝国主义侵略军的强烈愿望。建立民族统一战线的观点从"廉臣"这样曾经先后亲身经历过国民党所谓的"攘外必先安内"政策，以及中国共产党停止内战、全国团结、一致对外、共同抗日路线的医生口中说出，显得非常自然，宣传力、感染力很强。

陈云虽然没有军医生活经历，但在长征路上常去探望伤员，与军医有过接触，懂得一些医疗技术方面的知识，他在莫斯科时，这方面知识也得到了补充，这让"廉臣"这一"军医"形象惟妙惟肖起来。1935年秋，陈云终于在莫斯科的住宅里完成了约3万字的《随军西行见闻录》（以下简称《见闻录》）。第二年春天，《见闻录》首次在法国巴黎华侨组织主办的《全民月刊》上发表，该刊是中国共产党领导的一家海外宣传阵地。文章问世半年之后，中国工农红军长征才在会宁大会师，宣告胜利结束。

《见闻录》完整记述了中央红军自1934年10月中旬从中央苏区突围西征，到1935年6月陈云离队这8个月间，由江西经广东、湖南、广西、贵州、云南、四川、西康，而转入四川之理番、松潘与红四方面军会合的全过程，生动描写了红军突破四道封锁线、翻越老山界转战贵州、抢渡乌江、智取遵义、四渡赤水、佯攻昆明、兵临贵阳、巧渡金沙江、通过彝族区、飞渡大渡河、翻越大雪山等英雄壮举，展现了红军官兵一致、军民一家、共破道道雄关的动人事迹。

《见闻录》尤其描写了红军深厚的群众基础。如文中写道：

即如赤军入湘南时，资兴、郴州、宜章一带，为昔年朱毛久经活动之区域,居民受共党之宣传甚深,故见赤军此次复来,沿途烧茶送水,招待赤军。我在行军时见每过一村一镇,男女老幼立于路旁,观者如堵。

红军到宜章时,那里的400多名粤汉铁路工人全部参加了红军。文章中"军医"评述:

此事深深使我忆起,国民革命军北伐时,各处民众响应,北伐军势如破竹,正如王者之师。自国共分裂以后,像北伐时民众响应之事,已销声匿迹。反之,全国人心,大都失望。共党分子如此埋头苦干,而返视国民党员,则徒争名利,何曾见一个在东三省日本势力下埋头苦干的人!我深感共党自有其社会上根深蒂固之潜势力,"剿共"与消灭共党决难成功也。

诸此种种,"军医"在作品中断言:"赤军之所以能突破重围,不仅在于军事力量,而且在于深得民心。"这就向世人道明:有着深厚的民众基础的红军部队,是绝不会被国民党军队所击溃的;蒋介石所吹嘘的"追剿"军"连连取胜"之说,不过是自欺欺人罢了。

《见闻录》还刻画了红军领袖们与国民党官员所形成的鲜明对照,一方朴实、高尚、廉洁、民主,一方奢华、低俗、腐化、独裁。

文中写道:"毛泽东似乎一介书生,常衣灰布学生装,暇时手执唐诗,极善词令",待人"招待极谦"。"朱德则一望而知为武人,年将五十,身衣灰布军装","人亦和气,且言谈间毫无傲慢"。他们的形象与人们受欺骗后,以为"凶暴异常"之想象"完全不同"。毛泽东、朱德"非但是人才,而且为不可多得之天才",更辅之以"周恩来之勇敢、毅力之办事精神",红军岂有不成功之理!同时文中称,红军领袖如毛泽东、朱德、周恩来、林祖涵、徐特立等,"均系极有政治头脑的政治家"⋯⋯诸如这些,出于一位国民党"军医"的亲身感受和"我"的亲口道来,让人读来亲切、可信。国民党那些报刊对共产党领袖人物的谣言不攻自破,伟大的中国工农红军真面貌大白天下。

文章更可贵之处在于,《见闻录》中"军医"以见证国共两支军队的特殊身份,用恳切的言语如实宣传了中国共产党的国共合作抗日的主张:

我以为当今局势,如再继续内战与"剿共",非但不能救国,而且适足以误国。政府当局应该改变计划,协同赤军以共御外侮。

以下"军医"之言,更是苦口婆心,杜鹃啼血:

⋯⋯今在国家一发千钧之时,内战则死、对外则生的时候,只要两方开诚布公,何愁不能合作以对外。而且赤军领袖及共党均有过联合全国兵力一致抗日的主张。我并闻友人传说，共党中央及苏维埃政府主张合全国兵力组织国防政府及抗日联军。我以为政府之对内对外政策之迅速改变，此其时矣！我辈小百姓唯一的目的，是在不使中国之亡于日本，不作亡国奴而已。我总觉得无论如何，赤军总是中国人，总是自己的同胞，放任外敌侵凌，而专打自己同胞，无疑是自杀政策。以中国地大物博、人口亦多，如果停止自杀，而共同杀敌，则不仅日本不足惧，我中华民族亦将从此复兴矣！

此足见"军医"在治身治心，在化解国军和国统区受骗的人们对国家民族前途疑虑的心结上，是一位身手不凡、思想开明的"神医"。

《见闻录》的作者以其长征亲身经历，及其开明政治家的眼光和思想水平，记录长征，实为闻所未闻，动魄惊心。本文于1936年春巴黎首发后，在国内外广泛流传，同年秋，莫斯科也出版了单行本。次年7月30日，巴黎的《救国时报》也发表了全文。8月5日出版的《救国时报》还刊载了《廉臣捐赠〈随军西行见闻录〉版权启事》。此文传入国内后，最早载于王福明在北京编辑出版的《外国记者西北印象记》一书之中。同年11月、12月，民生出版社和陕甘人民出版社又分别出版单行本，书名为"从江西到四川行军记"。1838年，《见闻录》又由生活书店、新知书店发行。

中华人民共和国成立后，《见闻录》还被视为军医"廉臣"之作品而被多次摘录和转载。直到1985年1月纪念遵义会议50周年的时候，中共中央理论刊物《红旗》杂志才第一次说明"廉臣"是陈云的笔名，并以陈云的名字公开发表了全文。

陈云的《随军西行见闻录》在 1936 年春巴黎发表问世、莫斯科出版发行时，美国记者斯诺还没有来延安采访。"军医"作家陈云的这件作品，成为全世界宣传和记录中国红军长征奇迹的第一部作品。

# 21 | 一元钱的婚礼

陈云自幼就有流鼻血的毛病。小时候未得根治，后来越来越严重。1936年底，接中央紧急指示，他同滕代远组团从莫斯科出发前往新疆，准备在那里开展抗日民族统一战线工作和接应西路军余部。就在抵达位于中苏边境的霍尔果斯口岸，代表团即将返回祖国时，陈云流鼻血的情况加重，不得不只身留在哈萨克斯坦共和国的阿拉木图市治疗，待病情控制后再出发。

在延安，陈云担任中央组织部部长。有一次流鼻血，来势比过去任何一次都凶猛，血流不止，给工作和生活带来了前所未有的麻烦。

为此，组织上在考虑找一个细心、能干、政治可靠的女同志前往中央组织部照顾带病坚持工作的陈云。经过认真调查和挑选，这个光荣的任务最后落到了一位名叫于若木的女同志身上。她虽然只有18岁，但已是一名中共党员，历史清楚，政治可靠。

经过一段时间，在医生的努力治疗和于若木的精心护理下，陈云的病情再次得到了控制，他重新扑进了工作。于若木也离开了中央组织部，进入中央党校第 19 班继续学习。

事情似乎就此结束。但陈云和于若木经过这段时间的相处，彼此都加深了了解。加上于若木出于对病人或是对领导的一份责任心，或许也有些男女感情夹杂其中，所以他们仍然时常在一起谈理想、工作，谈生活、爱好。

一次，于若木来打听陈云的身体情况。陈云问她找了对象没有，谈过恋爱没有。于若木回答说还不太懂。陈云就说他也不太懂，但总要有懂的时候呀！陈云又坦率地说，自己也还没有爱人，问她愿意不愿意和自己交个朋友。

"我是个老实人，做事情从来老老实实。你也是一个老实人。老实人跟老实人在一起，能够合得来。"于若木脑海里总是想起陈云说的这句话。

于是，两个老实人就这样越走越近了。

于若木出生于山东济南一个教育世家。他的父亲在日本早稻田大学留过学，任过山东一师校长。于若木于北平一中毕业，16 岁成为一二·九运动骨干，加入地下党组织，成为一名少年共产党员。1937年，卢沟桥事变爆发，她就来到了革命圣地延安。

共同的理想，共同的追求，共同的志趣，使两个家庭出身不同、职位悬殊、年龄相差较大的人最终走到了一起。1938 年春，两人喜结良缘。

中央组织部位于延安西山边的一座小四合院里，在紧靠着的小山坡上有七八孔窑洞，第一孔窑洞便是部长陈云的办公室兼住室。大喜之日，陈云掏出一元钱买了些糖果、瓜子、枣子、花生之类的东西。组织部的同志们坐在一起纷纷向陈云夫妇热烈祝贺，有的还即兴表演了节目。热闹声传出去，其他单位的老战友、老部下纷纷过来道喜。

于若木唱起来了最拿手的《祖国进行曲》，陈云则摇头晃脑地拉起二胡，为大家助兴。只花一元钱，这孔窑洞里的婚事就热热闹闹地办完了。

## 22 | 孩子们周末的"家"

为了安抚照顾好烈士的遗孤，陈云部长要求各地下党组织把孩子们送到延安，再将孩子们送到各学校去上学。他们的父母有的牺牲在抗日前线，有的因地下工作而遇难。每到星期六下午，其他孩子都可回到父母身边，这些无家可归的孩子就都被陈云接到自己家中。

每到周末，陈云的爱人于若木就忙得不亦乐乎，她把组织上为照顾陈云身体而送来的"好东西"都拿出来招待孩子们。一声声"于妈妈""陈伯伯"让陈云夫妇陶醉，孩子们也兴高采烈地将"好吃的"东西一扫而光。

从周六下午开始，延安杨家岭半山坡的那两孔窑洞里，经常有孩子进进出出，有时热闹得就像学校。陈云就是工作再忙都要抽出身来陪孩子们吃饭，向每个孩子嘘寒问暖。见有孩子帽子戴歪了，鼻涕流出来了，脸上、手上有脏物，他都会蹲下身来帮孩子们收拾得整齐干净。若是有孩子在学校里受了欺负，他都会追问到底，甚至还会追问到学校去。

来"家"的孩子们年龄差异大，陈云会让年纪大些的哥哥姐姐带着年纪小些的弟弟妹妹。

"大孩子不准欺负小弟小妹，你们都是亲兄弟姊妹，我和于妈妈就是你们的亲父母。还有毛主席、周副主席、朱总司令等所有延安的伯伯阿姨们都是你们的亲父母。你们比别的孩子父母可多多了！"陈云经常这样对孩子们笑着说。他还会在最小的孩子面前蹲下身，抚摸孩子的头和脸蛋，说："以后不准随便哭脸，要像你们的父母一样坚强、勇敢，有谁欺负了你，就告诉伯伯，伯伯帮你惩罚他……"

陈云这位 4 岁就失去了父母的孤儿，懂得孩子们这时最需要的是什么，懂得亲情的抚慰比什么都重要。

晚上吃完了饭，孩子们都向他聚集过来。他就开始给大家讲革命先辈的故事，讲他们父母的故事，讲小英雄的故事，在他们幼小的心灵里播下革命的种子。

陈云还把自己平时节省下来的笔记本、牙粉、牙刷送给孩子们。孩子们会拿这些"奢侈品"来炫耀，却不明白陈伯伯为给他们这些东西是怎样勤俭节约的。

渐渐的，孩子们不再因失去父母而悲痛，反而为父母的那些英雄事迹而骄傲，甚至他们还会在人前炫耀自己的父母。他们不再轻易流泪，在他们身上流露出来的更多的是豪迈、刚毅和勇气。

一周下来，孩子们不管遇上高兴的或不高兴的事，都带到"家"里来，告诉于妈妈和陈伯伯。

一天下午，刘伯坚烈士的儿子刘虎生从学校回来，一跨进陈云的家门，便瘫倒在地上。陈云连忙跑过来一摸，发现虎生全身发热，身上还起了许多小红点。他立即翻箱倒柜找药，又打电话请来医生，可都不见虎生好转。陈云急了，马上找来一副担架，把孩子火速送到几十里外的和平医院。经检查，医院发现孩子患的是急性败血症，并立即组织抢救、治疗。第二天，陈云又和蔡畅同志赶来医院，把组织上为照顾他身体而发的营养品全部带来给虎生吃，还特意用节省的津贴买了一只大公鸡给虎生补养身体，又派自己的勤务员到医院专门照顾虎生。在陈云和其他首长、医院阿姨的精心照料和治疗下，虎生的身体终于奇迹般地一天天好起来。

医生说："虎生的命真大！"

虎生说："我的命是疼我爱我的陈伯伯和医生护士们给的，我虽失去了亲生父母，可我得到了胜似父母的关怀和照料。我是最不幸的，也是最幸福的。"说完，虎生眼中噙满了泪花。

虎生像其他的烈士遗孤一样，在陈云等老一辈革命家的关怀下，在延安读完小学、中学直到军政大学毕业。后来，组织上要选 21 位烈士子女和干部子女到苏联去学习，虎生也是其中一位。临走时，陈云还特意为他们组织了欢送会，并把伴随他多年的一块瑞士怀表送给了虎生，鼓励他继承先辈的遗志，努力学习，报效祖国。如此深情厚谊，激发了孩子们上进的决心，孩子们在苏联的学习成绩都很不错。

后来，送来延安的孩子越来越多了，陈云嘱咐中央组织部的干部，每周六下午都要把烈士子女和父母不在延安的孩子们都接到中央组织部来，这一天也是中央组织部改善伙食的一天。中央组织部也就成了孩子们的家。孩子们来到中央组织部便放开肚子吃，放开胆子嬉戏玩耍。中央组织部的首长和干部们都成了他们的亲人。

中央组织部的干部每逢节假日，第一件大事就是接这些孩子们来"家"度假……在陈云夫妇的带领下，中央组织部的每个干部和家属都与孩子们建立了深厚感情。几十年后，孩子们望着半山坡的那两孔土窑洞，人人都有诉说不完的"家"的情怀。

## 23 | 请"舅父"坐上席

1942年，陈云与于若木的第一个孩子出生，夫妻二人工作繁忙。于若木本想要姐姐来延安帮家里照料，但在战火纷飞的当时根本无法实现。1942年12月，中共中央组织部只好为陈云家请来一位保姆。

保姆名叫王玲，18岁，延川黄河边上的农家女，是中央组织部通过地方党组织介绍来的。于若木比王玲大5岁，把她当作自己的小妹妹看待。陈云态度和蔼，他们夫妇之间又从不争吵，说话总是和风细语的。王玲在他们家带孩子、洗衣、做饭，样样顺手。尤其他们对王玲就像对家里人，让王玲没有在别人家的拘谨，更没有过去在地主家干活的诚惶诚恐。王玲在陈云家做事，简直就是一种享受。

当然，王玲也有挨批评和受急的时候。

一次，王玲洗菜，将一点纽扣大的洋芋同清除的皮毛一块扔掉了。陈云从垃圾碴中挑出来，洗净，交给王玲，说："种出来不容易，扔了可惜，一块炒出来不同样好吃嘛！"

夏天，王玲在延河边洗衣服，洗完后将一小块薄如纸的肥皂丢在河沿上。下午，陈云散步时发现了，他弓身拾起，笑着对王玲说："你上午洗了衣服，它应该姓'王'。别嫌它小，它还可以用的，大的洗衣，小的洗袜，小有小的用处。"

还有一次，陈云的儿子元元高烧不退，陈云夫妇都不在家，办公室的同志也不在。王玲正手足无措，急得想哭时，陈云开会回来了，见状，不但不怨她，反而宽慰王玲："没关系，别着急，今后给孩子穿暖和一点就行了。孩子生生病也正常嘛！"王玲如释重负。王玲在给舅父的信中说起了这件事："……你看，还有什么事让人急的吗？在这里比在家里还宽松！"

王玲的舅父王占富是延川的一位普通农民。有一天，他来到延安看望外甥女。陈云听说王玲舅父来了，他也很高兴，想起自己自从那次舅母送他去浙江舅父朋友家避难，就再也没回去过，心里便充满愧疚。

此次王玲的舅父来访，陈云便把王占富当自己亲舅父接待。他让出自己平常在家坐的座位，也随王玲叫"舅父"，待舅父为上宾。吃饭时，陈云推王占富入上席，并亲自盛饭送到王占富手里。陈云边吃边问王占富，延川多少个区，有多少个乡，老百姓生活如何。王占富一一作了回答。

陈云又向王占富碗里一个劲地夹菜。他高兴地说："以后常来看看。你这一来，给我上了很好的一课呀！"

王占富回到村里，见人就说："天上的雷公，地上的舅公。陈云也把找当舅公看待。王玲在陈云家就像真正在自己家一样啊！"

# 24 | "长期大学"的哲学"博士"

陈云的办公桌旁贴着一张纸，上面写着两句话："从我做起""从现在做起"。从 1937 年底到 1945 年在延安工作的 7 年多时间，是陈云一生学习最紧张、收获最大的时期。这两句话是陈云用来警示自己刻苦学习的。

陈云刚从新疆返回不久，毛泽东就先后三次同陈云谈话。谈及学习时，毛泽东还特地建议他学哲学，尤其是学习马克思主义哲学。

此前，毛泽东在党的六届六中全会上就强调："在担任主要领导责任的观点上说，如果我们党有一百至二百个系统的而不是零碎的，实际的而不是空洞的学会了马克思列宁主义的同志，就会大大地提高我们党的战斗力量，并加速我们战胜日本帝国主义的工作。"为此，中央还曾组织在延安的党政军主要负责同志共四五十人，历时半年多，研究了中国古代的哲学思想。

　　哲学是关于思想的学说，它能启迪人、提升人、进化人，是构筑崇高灵魂的殿堂。尤其是马克思主义哲学，它是科学的世界观和方法论。一旦进入这座殿堂，你就进入了一个真正科学人的境界。哲学听起来似乎让人深奥难懂，但说深也不深，只要掌握了原理，就像拿到了一把万能的钥匙，对了解和解决世上一切事物和问题，都一通百通。

　　当然，世间哲学派别众多，如果钻进了错误的死胡同，也会让人积重难返，遗恨终生。共产党人的目标是人类最文明最科学的境界——共产主义。只有马列主义哲学才是最科学的思想。人不懂哲学可惜，钻错了哲学门道则是可悲。

　　陈云在入哲学之门之前，已初谙其中奥秘。尤其是在毛泽东同他三次深谈学习哲学后，他坚定了要学习哲学的决心。

　　陈云从身边的马列主义哲学著作入门，读毛泽东的《实践论》《矛盾论》《论持久战》《中国革命战争的战略问题》等书籍。通过学习这些将马克思主义与中国革命的具体实践紧密结合的典范性文献，陈云感到收益很大。原来哲学就在自己身边，只要去思考、去总结、去发展，俯拾皆是，随手可得，人人都能，个个都会。毛泽东的哲学著作让陈云大开窍门，更加深了他对理论特别是哲学理论学习重要性的认识。

　　陈云对学习非常着迷，他不打扑克，也不跳舞，一有空就学习。除了每天晚上挑灯学习外，每周还抽一上午学习，雷打不动。他边读边做笔记，有时还联系身边工作写出学习哲学的体会。

从 1938 年起，陈云担任中央组织部机关干部组织的学习小组组长，李富春为副组长，正式参加学习小组学习的领导干部有 10 人左右，参加旁听的有 20 多人。大家一起不间断地学习了 5 年多，成为延安时期仅有的两个坚持下来的学习小组之一。

小组除了学毛泽东哲学著作外，还学习《资本论》《马克思恩格斯选集》《列宁选集》等。陈云提出要坚持一本一本读马列原著和毛泽东著作，既不懈怠，也不用着急，一步一步来。他规定每周要读几十页，每星期六用半天时间进行讨论，边阅读边做笔记。互相检查、交流，加强领会精神实质，多想，多思索，总之要读懂，不要一知半解。领导干部要带头学，能者为师，互帮互学。学习哲学要带着实际工作中的问题学，边学习哲学边用方法论指导工作，融会贯通。

陈云后来深有体会地说：

"毛泽东同志亲自给我讲过三次要学哲学。在延安的时候，有一段时间我身体不好，把毛泽东同志的主要著作和他起草的重要电报认真读了一遍，受益很大。我由此深刻地领会到，工作要做好，一定要实事求是。"

"学习理论，最要紧的，是把思想方法搞对头。因此，首先要学哲学，学习正确观察问题的思想方法。如果对辩证唯物主义一窍不通，就总是要犯错误。"

"马克思主义哲学是一种科学的世界观和方法论，学习马克思主义哲学很重要。"

"学习哲学，可以使人开窍。"

"学习哲学，终身受用。"

中央组织部学习小组成员王德说："陈云同志学习爱打破砂锅问到底，工作中考虑问题也正面反面翻来覆去地考虑，一定要站得住脚，立于不败之地。"

中央组织部干部组长王鹤寿说："通过学习，看问题更全面了。遇到问题，就会从各个方面去考虑，既考虑这一面，又考虑那一面，全面来考虑问题。这在工作上是很有用的，对我帮助很大。"

在延安，陈云后来著述了《论干部政策》《怎样做一个共产党员》《党的支部》《学会领导方法》《要讲真理，不要讲面子》等，《怎样做一个共产党员》还被编入《整风文献》下发全党学习。

尽管如此，陈云即便后来在苏联列宁学校学习了，在延安党的院校学习了，在每次履历表的"文化程度"一栏中，他总是填的"小学"。他向人解释，在学习上他永远是"小学生"，但这位"小学生"后来兼任中央党校校长，又成了抗大、延安公大、中国女子大学、行政学院等大学的"客座教授"。

著名作家丁玲说，她最爱听陈云讲"党的建设"。她说：他善于用最实际最生动的实例印证理论，分析问题深透，说理清楚，语言生动，态度亲切。做到这一点不仅需要真知灼见，又要能从现实的、复杂的实际生活中准确抓住关键性的环节来剖析。在作家丁玲眼里，陈云既是作家，又是理论家、哲学家。

陈云把业余自学称为"长期大学"。他去江西之前说，日常用品可以少带，《马克思恩格斯选集》《资本论》《列宁全集》《斯大林文选》《毛泽东选集》和《鲁迅全集》一本都不可少。这些书在江西陪伴了他3年。一次，陈云居住的干休所副所长向陈云请教，问毛主席在一篇文章中论"社会发展"一段论述的出处。陈云看了原话以后，当即告诉副所长，那话出自《马克思选集》多少卷多少页倒数第几行。副所长当时很惊讶，陈云已是60多岁的人，记忆怎会如此清楚？后来一查，果然一点不差！副所长大为惊奇，不禁为陈云的读书能力和理论功夫所折服。

在大学讲课后，师生们少有人称呼陈云的"官衔"，都爱尊称他"陈教授"。陈云的长相、谈吐确实很有学者风度，但每次听到别人称他"陈教授"，他都很难为情，常用一声干咳来作为他的应答。面对熟人，他还会这样去掩饰自己心里的尴尬：谢谢鼓励，我只是个"小学生"，但我会争取在自学的"长期大学"里毕业，将来学成，当个头号"博士"。

# 25 | 主持边区财经工作

1944年3月6日，经毛泽东提议，中央政治局会议决定，陈云任中共西北局委员、西北财经办事处副主任兼政治部主任。由此，陈云开始主持陕甘宁边区和晋绥边区的财政经济工作。

陈云到任后，首先解决边区对国统区的贸易问题。为了改变边区对外贸易中存在的进口货贵、出口货便宜以及入超的被动局面，1944年4月，陈云将陕甘宁边区物资局改为贸易公司，统一管理边区对外贸易。

陈云同贸易部门以及银行研究后，决定灵活制定收购价，对进口棉花进行统一收购。1944年9月至10月，陕西关中平原新棉上市时，国民党统治区的棉花收购价是每斤1100元（法币，下同）。陈云指示，将边区的棉花收购价提高为每斤2800元，比国民党区域的价格高出1700元。这样，边区在两个月之内一下子就收购到了优质新棉花百余万斤，为发展纺织业、满足衣被之需准备了足够原料。

为了将边区生产出的盐按照有利价格出售，1944 年 4 月 18 日，陈云在西北局会议上提出，要实现盐的生产、运输和销售的统一，实行公私合作，统一对外贸易。针对国民党区域盐的运输力度不够、存储数量不多，且又没有资本囤盐的情况，陈云提出贸易公司要进行再投资，作好囤盐提价的斗争。6 月 24 日，陈云在西北局常委会上讨论盐的销售问题时指出，盐的销售问题关键是能不能在对国民党区域提高盐价。

根据陈云的意见，边区贸易公司共囤盐 1000 多万斤。盐价由每百斤 12000 元的赔本价，提到每百斤 16000 元的有利价。刚开始，国民党区域为抵制边区盐价上涨，不到边区买盐。但山西阎锡山区坚持了 10 多天就不行了，只好到边区驮盐。西北其他地区等了 2 个月没有盐后，也只好来边区来买盐。后来，因为战事变化，国民党区域海盐来源被完全阻断，边区便进一步囤盐提价，实现了高价旺销的可喜局面。

陈云还以很大精力抓边区的金融工作。针对 1943 年边区政府把银行当成财政出纳，导致财政发行失控，物资局成了供给部等问题，1944 年 5 月 10 日，陈云在西北财经办事处会议上提出：禁止各分区擅自挪用银行、物资局、税务局、仓库的现款和物资；各机关拖欠银行的款项要一律收回。5 月 12 日，西北财经办事处通过《关于银行资金、放款等几个问题的决定》，规定汇款要收汇费，放款要收利息，建立有借有还的正规信用制度。5月14日，陈云同贺龙致信边区银行负责人，规定此后银行增加发行必须经过财经办事处书面批示。6月9日，贺龙、陈云签发西北财经办事处《关于陕甘宁边区银行特别放款办法的决定》，使财经办事处能够根据市场需要控制边币发行量，稳定边币币值。

由于没有弄清楚边币与法币的关系，边区财经部门在工作中吃了很多苦头。陈云经过深入思考和分析，理清了边币与法币的关系，找出了解决边币发行问题的办法。1944年5月10日，他在西北财经办事处第四次会议上，提出一个建议：由盐业公司统一发放一种流通券，其定价与法币1∶1，而与边币1∶9，使之在边区内流通，逐渐收回边币，达到预想程度时，再以边币收回盐业流通券。陈云的建议被采纳，并达到了稳定金融、益于外贸的好效果。

在陈云的主持下，1944年边区的财政收支基本达到平衡。延安各系统的大小家当都已建立起来。这不仅保证了边区大批干部、部队开赴前线所需的路费、服装、马匹等费用，而且还为边区人民留下一些家底。

# 26 | "四保临江"

临江是一个鸭绿江边的"英雄城",位于吉林省东南部的边境线上,人口只有14万,是南满根据地的中心。南满是东北的发达地区,地理位置重要,进可以威逼沈阳、鞍山等城市及辽西走廊,退可以利用朝鲜和当时苏联控制下的大连接壤优势,及时给予物资支援。

军事意义上,国民党政府为实现其在东北战场"南攻北守,先南后北"的方针,于1946年10月19日集中8个师10多万人的兵力,分三路向南满根据地大举进攻。停战4个月的东北战场,又重新燃起战火。这时,东北民主联军在南满只有两个纵队和两个独立师,约4万多人,敌我兵力悬殊,不得不放弃安东、通化等城市,形势危急。

1946年11月,陈云主动请缨,偕妻儿冒严寒从哈尔滨启程,经佳木斯、图们再绕道朝鲜抵达南满。此时的南满根据地,只剩临江等四县未落入敌手。如果临江被国民党攻下,将意味共产党在南满再无根据地可守，临江成了中共坚守住南满的最后一道防线。

国民党军正集结4个师准备向临江进攻。

12月13日晚，陈云连夜由临江赶赴七道江并参加辽东军区师以上干部会议，就主力部队是留在南满坚持斗争，还是撤到北满、保存力量、日后反攻的争论性问题，广泛听取了意见。14日晚，陈云在会上作重要讲话，说："我们不走了，一个纵队也不走，都留在南满，当孙悟空，大闹天宫，在长白山上打红旗。"

12月17日，国民党军调6个师对临江首次进攻。军区政委陈云支持司令员萧劲光、副司令员萧华采取内外线相互配合，追敌分散，尔后寻机歼击的作战方针，以首战歼敌3个团告捷。

1947年1月30日，国民党军纠集4个师，向临江地区发动第二次进攻。东北民主联军南满主力部队随即反击，于2月3日歼敌5个营2300余人。2月8日，又歼敌2个营1700余人。同时，收复抚顺、本溪、沈阳三角地区据点20余处，威胁安东至沈阳的铁路。此次战役从而粉碎了敌对临江地区的第二次进攻，并迫使国民党军由北满抽调1个师回援南满。

2月13日，国民党军调集5个师分三路向临江地区发动第三次进攻。东北民主联军南满部队集中三纵主力首先打敌一路，四纵主力则活动于敌后，奔袭作战，前后10天，共歼敌7800多人，收复了辑安、金川等重要城镇。与此同时，北满部队为了配合南满部队的作战，于2月21日以3个纵队、3个独立师的兵力第二次越过松花江，向敌军出击，迫使敌军再次从南满、西满抽兵北援。敌军第三次进攻临江的计划又告失败。

3月27日，国民党军纠集14个师，分三路向临江地区发起第四次进攻。南满民主联军牵制敌军西翼，集中主力歼灭弱势，且战且退，趁其立足未稳，调头突发猛攻，最后让敌军第四次进攻以失败告终。

东北民主联军"四保临江"，野外作战，天寒地冻，只靠吃雪喝尿止渴，甚至连尿都舍不得喝，因为马克沁水冷式重机枪离不开水，在战斗中，尿还只能先满足重机枪。为了阻止北满部队撤回江北，国民党军开闸放水，零下30摄氏度的松花江铺满浮冰，指战员咬牙涉水，有的战士上岸就冻僵了，有的甚至被活活冻死。

"四保临江"，就是在这种恶劣的环境中进行的。陈云等指挥东北民主联军力争主动，灵活机动，破敌弱点，以战役上的积极进攻达到战略防御目的。战役历时3个月，南满、北满部队共歼敌4万余人，收复城镇11座。

"四保临江"战役的胜利，是东北解放战争胜利的重要转折点，锻炼了人民军队，为我军攻坚战、运动战、步炮兵联合作战和军事理论研究提供了宝贵经验。

# 27 | 接收沈阳

1948 年 10 月 19 日，辽沈战役进入最后阶段，人民解放军东北野战军解放长春，沈阳解放在即。10 月 27 日，中共东北局常委会议决定：由陈云、伍修权、陶铸等组成沈阳特别市军事管制委员会，陈云任军管会主任及东北局全权代表，伍修权、陶铸为副主任；从东北各地抽调 4000 名新老干部，由陈云率领他们接收沈阳及其周围几个城市。

10 月 28 日晚，陈云率领抽调的 4000 名干部从哈尔滨奔赴沈阳。11 月 1 日下午，沈阳解放。黄昏时，陈云率接管人员进驻沈阳。

11 月 3 日，陈云主持召开成立沈阳特别市军管会大会，宣布主任、副主任，市长、副市长和市政府各部门负责人名单。在会上他特别强调：从现在起，沈阳就是我们共产党领导的城市了，一定要比国民党时期管理得更好。

按照陈云提出的"各按系统，自上而下，原封不动，先接后分"

的方针，军管会开始了全面、完整的接管工作。11 月 5 日，全市基本完成清点移交和接收工作。在顺利完成接收工作后，迅速恢复生产、生活和社会秩序，是军管会面临的艰巨任务。陈云主要抓了以下五个方面的工作。

一是恢复电力、交通、通信。11 月 2 日军管会一进城，就接收了"资委会东北电力局"。随后 5 天内，铁岭至沈阳通车，抚顺送电到沈阳，市内电话全部开通，自来水修复，电车开通，城市运转功能初步恢复。

二是迅速解决金融物价问题。军管会要求群众将手中的国民党政府发行的金圆券和东北九省流通券，在限期内按规定的兑换比例、手续和地点兑换成解放区东北银行发行的东北币。为了稳定物价，军管会公布靠近沈阳的开原、安东等解放区城市的物价，并经百货公司公布收买物资的价格，使商人敢于开市。军管会将沈阳粮食价格定得高于外地，既保证了粮食供应，又使物价没有发生大的波动。沈阳解放一个星期后，凡是能开市的买卖都开市了。

三是收缴旧警察枪支。沈阳市内有警察 5500 多人。依照哈尔滨接收处理旧警察的办法，警察的枪支全部收缴，让他们徒手服务，以利于社会秩序的稳定和对旧警员的改造。

四是利用报纸宣传政策，稳定人心。1948 年 11 月 11 日，陈云在给中央的报告中说，在大城市中报纸是传布政策的最大机关。

五是妥善解决工资问题。沈阳解放后，连同抚顺、本溪共有公教职工约 15 万人。由于短期内无法合理解决工资问题，军管会入城后 5 天，先发生活维持费，11 月开始发临时工薪。接收沈阳后，陈云把主要注意力转向迅速恢复和发展生产。他视察了许多工厂，提出首先应该重视沈阳兵工厂、有色金属冶炼厂、重型机械厂、铁路机车厂、铁路车辆厂、沈阳化工厂、橡胶厂和造纸厂等战略性工厂的恢复和发展。到 11 月 25 日，绝大部分工厂已恢复生产。

11 月 28 日，陈云向东北局并中共中央写了《接收沈阳的经验》的报告，从 7 个方面总结了接收沈阳的经验。毛泽东、朱德、周恩来、任弼时等圈阅后，12 月 14 日以中共中央的名义向各中央局、各前委转发，供各地接收城市时参考。陈云在报告中建议，各中央局要有专门办理接收大城市的班子。中共中央在批语中特别指出："此项提议甚好，请华北局、华东局、中原局、西北局在接收和准备接收大城市中即作此准备，以便将来依次接收各大城市。"

## 28 | "马火车"

为适应各大解放区财经统一的需要，特别是为即将诞生的新中国的经济恢复和发展作准备，中共中央在组织领导方面采取的一项重大措施，就是建立中央财政经济委员会。

1949 年 3 月 20 日，中央正式提出成立中央财政经济委员会。关于中央财经委员会主任人选，早在 1949 年 2 月党的七届二中全会召开前，经周恩来推荐，中共中央和毛泽东就已决定由陈云担任。随后，周恩来于 4 月 10 日，4 月 30 日，5 月 5 日，5 月 7 日连发四封电报，催促陈云早日到北平主持中央财经工作。从东北回京走马上任前，陈云还有过一回人生难得的坐"马火车"的经历。

为了不辜负中央的重托，彻底搞清新中国经济建设的各种复杂情况，使决策始终建立在实事求是的基础上，让计划尽量周密一些，工作稳妥一些，陈云决定在离开东北前，抓紧时间在整个东北范围内进行一次全面的调查研究。这样既能对东北经济状况有一个全面的把握，使制定出的东北经济发展计划符合实情，增强今后实施的指导性和针对性，也能为扎扎实实地把东北建设成为全国解放的大后方打下重要基础。通过广泛接触，多多掌握与经济有关的问题、规律、解决手段和措施，借鉴地方经济事务中一些有效的、富于创造性的做法，并结合考察对一些重大经济问题加以认真思考，为担负下一步的重任做好更为充分的准备。

于是，陈云马不停蹄，开始在全东北展开调研。

从作为钢铁原料基地的鞍山、本溪到海滨城市大连；从内陆的重要工业城市长春、吉林到中朝边境上的丹东；从瓦房店到普兰店；从磐石到四平，都留下了陈云这次调研的身影。在鞍山、本溪，他参观了工厂各车间、矿山、研究部门、供电站和职工生活设施；在长春、吉林，他详细了解当地政治经济、工业发展、市场供应等方面的情况；在四平，他就党的建设、交通运输、能源供应等与当地领导交换了意见；在丹东，他重点询问了边境地区人民生活情况、民族关系以及民风民俗等。陈云一边调研东北，一边思索国家经济发展思路，肩上责任重大！

在调查中，陈云心中始终挂念着已入关作战的东北野战军以及其他解放区部队的后勤保障工作，特别是弹药保障的问题。东北已成为全国战略的后方基地，应该为全国解放作出更多更大的贡献。为此，他决定专程前往当时东北最大的铜矿——磐石铜矿，了解生产与供应状况。

路上有匪情，天气又很冷。同志们劝他不必亲自去，只派工作人员去即可。陈云谢绝了大家一片好意。他说，磐石铜矿是我军炮弹、子弹乃至民间用铜的主要生产基地之一，必须亲自去调查生产与发展情况。人们常说百闻不如一见，亲眼所见心中才更有数。

陈云一行出发了，先在吉林市乘火车，火车到达离磐石铜矿最近的一个小站下车，然后找其他交通工具，可找来找去找不到合适的。眼看天要黑了，大家看着通往磐石铜矿的铁轨发呆，难道只有一步步沿铁轨走下去不成？天气酷寒，年轻小伙也受不了。大家正不知如何是好，一位对当地情况较熟的同志想了一个主意。于是，大家分头行动，很快找来几匹好马和两辆轻型敞篷车，让马分站在铁轨两边，将敞篷车套上绳索并在铁轨上安放好，人坐在敞篷车上。

"驾——"两边的马拉着车子跑了起来，一路既快又稳当，大家有坐火车的感觉。因大家谁都未经历过，新鲜极了，兴致也高，一路上谈笑风生。

有个同志说："哎，大伙说说，咱们这坐的究竟是什么呀？说是马车，天底下没有在铁轨上跑的马车；说是火车吧，也不对，连个冒白烟的火车头也没有。它到底该叫什么呢？"

"我看，就叫它'马火车'吧！"陈云想了想，风趣地说。

"'马火车'，说对了！天寒地冻的，咱嘴里冒'白烟'，有马有火车，正是'马火车'"。大家都笑了起来。

"马火车"到达矿区，引来更多人看新鲜。

可谁都不知道，从"马火车"里走下来是即将上任中财委主任的陈云。他在"马火车"里，在一步步的调研中，苦苦思考着怎样让共产党的财政工作能得到80分。

# 29 | "不下于淮海战役"

1949 年初，随着辽沈、平津、淮海三大战役的相继告捷，国民党政府的主力部队基本上被歼灭。中国共产党领导的人民军队从根本上打败国民党反动派，夺取全国胜利，"已经是不要很久的时间和不要花费很大的气力的事情"。这时，毛泽东、刘少奇、周恩来、朱德、任弼时等汇集西柏坡，开始为即将诞生的新中国描绘蓝图。令领袖们费神的已不再是战争或军事问题，令他们大伤脑筋的是随着军事上节节胜利而来的严峻经济形势。

尽管随着解放战争的胜利，我们没收了国民党的官僚资本，掌握了国民经济的命脉，但我们接收的是一个烂摊子。长年的战乱，使得本来就贫穷落后的中国疲惫不堪、民不聊生，生产遭到严重破坏。而国民党统治时期遗留下来的通货膨胀犹如"脱缰野马"，难以控制，经济形势不容乐观。

1947年7月24日，美联社发表这么一份嘲讽中国的材料：法币100元可买的物品：1937年为2头牛，1938年为1头牛，1941年为1头猪，1943年为1只鸡，1945年为1条鱼，1946年为1个鸡蛋，1947年则为三分之一盒火柴。实际上，到后来100元法币连三分之一盒火柴也买不到了。

几百万中国人民解放军部队，前进迅速，战线延长，开支日益庞大，加上对国民党政府留下来的一大批人员又采取"包下来"的政策，经济问题日益严峻。可蒋介石将国库掏空，所剩金银财宝和一些值钱的东西都偷运去台湾。

当时部队的作战费和脱产人员的生活费，很大部分不得不靠发行钞票来解决。这就使国民党统治时遗留下来的通货膨胀不但没有得到控制，反而有愈演愈烈之势。这一问题不解决，经济不可能稳定，新生的政权也必将受到严重的威胁。

1949年3月的七届二中全会上，毛泽东在谈到城市工作时就指出：如果我们不能使工人生活有所改善，并使一般人民的生活有所改善，那我们就不能维持政权，我们就会站不住脚，我们就会要失败。美国也认为，共产党解决不了几亿人的吃饭问题，是注定要失败的。

在长期的革命战争中，党内涌现出了一大批军事指挥人才，懂经济的却少得可怜，经济人才问题成了一个大问题。国内资产阶级在调侃："共产党军事100分，政治80分，经济打0分。"这虽然言过其实，但当时的状况的确不容乐观。

领袖们迫切地感觉到当务之急是物色一位懂经济的帅才，主持全国的经济工作，以迅速稳定经济、发展生产。

党中央已经决定任命周恩来为新政府的总理，主持政府工作。毛泽东在七届二中全会上已明确指出：周恩来一定要参加政府的工作，其性质是内阁总理。会议之前，周恩来考虑领导经济工作人才组阁问题比其他领袖考虑得更早、更具体些，会前他也果断向毛泽东提出：调陈云回中央主持财经工作。

6月4日，周恩来正式宣布由中国人民革命军事委员会派陈云等人负责筹备组织中央财政经济委员会。7月12日，陈云宣布，中财委由中共中央财政经济部与华北财经委员会合并组成，陈云担任了新中国第一任中财委主任。

原来，1949年5月27日，人民解放军进驻上海，人民币却"进"不了上海。

在物价疯狂上涨的时候，南京的四大私营百货公司开始用银圆标价，其他商店闻风而起，也相继仿效拒用人民币。

人民银行发行的人民币，早上发出去，晚上又差不多全回到了人民银行。人民币的发行受到严重威胁。

当时，为了稳住市场，曾采取了抛售银圆的办法，但10万银圆抛出后，全被投机分子吃进去了，不但没有稳住市场，投机之风反而愈演愈烈。据说，当年日本占领上海时，为了稳住上海市场，从东京一次性运来5吨黄金，但投下去之后也是泥牛入海。盲目抛售是无法稳住市场的。

怎么办？陈云一贯的作风是，用90％的时间调查研究，用10％的时间来制定解决问题的策略。可在当时的上海调查研究不比他在上海从事特科工作容易，天上还有国民党的飞机轰炸，地上有国民党退出上海以前潜伏的大量特务。他们躲在暗处，不断地打黑枪，随时威胁人们的生命安全。那一阵，天公也不作美，7月24日，上海遭受30年未遇的台风袭击。尽管遭受种种威胁，陈云用10天时间，走街串巷，掌握了第一手材料。

7月27日，陈云在上海财经会议上提出了一系列解决问题的措施：发行公债、增加税收、实行内部贸易自由等。

上海财政会议后，新措施实施，经过整顿，市场逐渐稳定。连开始不看好的一些民族资本家和经济界人士也不得不承认："共产党内真有能人，陈先生提的问题内容很深。"

陈云会后又继续在上海逗留了10天左右。他既找工商界人士谈话，又继续作市场调查，对于解决上海问题和稳定全国物价更有了把握。他认为，当前关键是要抓住"两白一黑"（即大米、纱布、煤炭），而其中主要要抓住"两白"——大米和纱布，一个是吃，一个是穿。我们掌握多少"两白"，就能掌握多少人心。这"两白"，城市主要是大米，农村重点是纱布。

上海会议后，9月、10月上旬，全国物价相对平稳。但陈云从各地来的电报情况，计算着货币发行量与物价的关系，预示10月中下旬后经济风暴又将来临。

不出陈云所料，10 月 15 日开始，物价再度回升且猛涨。上海的棉纱价格不到 1 个月的时间内上涨了 3.8 倍，棉布价格上涨 3.5 倍，相应地影响了其他商品价格的上涨。原因是投机资本兴风作浪，实际上是解放以来资本家在跟我们共产党进行一次经济较量，在打一场"经济战争"！

陈云找出症结，对症下药。

10 月 20 日，陈云急电东北财委，要求紧急调拨一批粮食支援华北市场。为求万无一失，陈云又命令财经委副秘书长曹菊如赶往东北，并要他坐镇沈阳，保证从东北每天发一趟列车的粮食到北京，由北京市在天坛打席囤存粮，必须每天增加存粮席囤，要让粮贩子看到，国家手上有粮食，让他们在粮食方面少打歪主意。

这一招很奏效。北京、上海粮贩子未敢轻举妄动。

陈云又让国家集结掌握充足的纱布。11 月 25 日，陈云命令全国采取统一步骤，在上海、北京、天津、武汉、沈阳、西安等大城市大量抛售纱布。

开市时，资本家们争相购入，甚至不惜借高利贷囤积纱布。结果，他们失算，都拜倒在陈云的算盘上。资本家们见势不妙，马上抛售，结果越抛越多，纱布价格急剧下跌，一天之内下降了一半。资本家们叫苦不迭。

而我们，兵分几路，穷追不舍：一、国营企业的钱一律存银行，不向私营银行和资本家企业贷款；二、规定私营工厂不准关闭，工人工资照发；三、加紧征税，迟交罚款。

这样，资本家们"两面挨耳光"，再也受不住了，不得不要求政府出面，以低价买回他们吃进的棉纱。

陈云指挥的这场"经济仗"，干净、利索，使资本家们受到了严厉打击。有些恶贯满盈的资本家血本无归，应付不了跳楼自杀，还有的卷起铺盖逃往香港。

有人对陈云说："这些招是不是太狠了？"

陈云回答："不狠。不这样，就天下大乱。"这是人民与敌人的生死较量。上海和全国其他地区的物价很快稳定下来。在粮食上，我们又取得了同样的胜利。

到 1950 年，全国的物价基本上稳定了下来。

陈云领导稳定物价的战斗结束之后，毛泽东对此进行了高度的评价，他指出，它的意义"不下于淮海战役"。

# 30 | 涮羊肉风波

一天，中财委主任陈云的办公室接到毛泽东发来的专门指示。因为陈云还兼任中央对资本主义工商业的社会主义改造（简称"对资改造"）十人领导小组组长。毛泽东指示陈云详细调查并研究分析，为什么"东来顺"的涮羊肉现在不好吃了，并在此基础上提出相应处理意见和对策。

一家北京的涮羊肉店，一种涮羊肉好不好吃，为何惊动了毛泽东？

"东来顺"涮羊肉，这一北京城内的老字号早已声名在外，毛泽东年轻时在北京大学图书馆刻苦攻读马列书籍时，曾在"东来顺"老店饱过口福。"东来顺"涮羊肉精美可口，饮食文化独具特色，服务周到热情，赢得上至文人雅士下到平民百姓的交口称赞。"东来顺"涮羊肉的口碑因此祖传父、父传子，代代传入人们心田。

20世纪50年代，在新中国成立之后的首都，"东来顺"涮羊肉再扬名的风波非同凡响。此风波"来势"之大，直接惊动了毛泽东。

作为党和国家最高领导人，毛泽东并非因为一种美食是否好吃而大惊小怪。按常理，一种名牌小食因质量下降导致老顾客纷纷掉头而去，对店铺而言可算是件不小的事，但对国家而言就是鸡毛蒜皮的事了。潮起潮落、优胜劣汰本来就符合自然发展变化的规律。可据知情人透露，毛泽东已不止一次提及"东来顺"涮羊肉了，这风波还真有"龙卷风"之来势。

经过初步了解，陈云得知，1956年公私合营，确实有些老牌子、老字号的产品如"东来顺"的涮羊肉、"全聚德"的烤鸭等在质量上发生了下降的现象。而这一现象之所以会引起毛泽东的警觉，是因为这已经在社会上造成了较大的影响，人们对此议论纷纷。个别群众在思想上对社会主义改造能否成功发生了动摇，更有某些别有用心的人把这说成资本主义的羊肉进入社会主义后就不行了。"社会主义还是不如资本主义好，资本主义的羊肉到社会主义都不好吃了"之类的流言开始在社会上散布。

对这些给正在全国范围内进行的资本主义工商业的社会主义改造运动泼污、抹黑、蛊惑人心、颠倒黑白的险恶企图，陈云也非常重视。尽管新中国成立之初，经济方面的各项重大决策工作十分繁重，但陈云把这件事放在了坚决捍卫革命果实、确保社会主义在与资本主义斗争中取得最后胜利的战略高度来看。"东来顺"的涮羊肉问题解决好了，有利于对资本主义工商业的社会主义改造，会推进工作更加顺利地进行下去。

毛泽东的指示字字见分量。经初步了解，作为中财委主任、国务院副总理的陈云，已感觉此涮羊肉非彼涮羊肉，需尽快处理此"东来顺"问题。因此，他决定亲自调查，掌握第一手材料，摸准来龙去脉，查个水落石出。

陈云在主持中央财经委工作期间，一般每隔十天左右，只要行程允许，不管刮风下雨，他都要去北京百货大楼、东单菜市场、天桥农贸市场这三个地方，了解日用百货、家庭消费品供应与价格情况，察看蔬菜与副食品的供需情况，掌握农民进城进行农副产品交易的情况。

陈云来到了"东来顺"涮羊肉店。他先作为顾客买了涮羊肉，边吃边与其他顾客交谈，一边听顾客的反映，一边亲口品尝。他还同柜台人员寒暄，又进厨房与大师傅交流……店里人和店里进进出出的人并不认识他。他和一个又一个的顾客交流，就是为了让事实说话，让数字说话，不说则已，言出必有据，落地须有声。陈云向党中央、毛主席汇报："'东来顺'的涮羊肉出现质量滑坡问题的主要原因是'我们轻易地改变了它的规矩'。"他剖析道，"'东来顺'的涮羊肉原先只用35斤到42斤的小尾巴羊，这种羊的肉相当嫩。我们现在山羊也给它，老绵羊也给它，冻羊肉也给它，涮羊肉怎么能好吃呢？

此外，羊肉价钱原来一斤是一块二角八，合营以后要它和一般铺子一样，统统减到一块零八，说这样做是为人民服务，为消费者服务。但这样它就把那些本来不该拿来做涮羊肉的也拿来用了，于是羊肉就老了。还有，本来一个人一天切 30 斤羊肉，切得很薄，合营后要求提高劳动效率，规定每人每天切 50 斤，结果只好切得厚一些了。羊肉老了厚了，当然就不如原来的好吃了。"

在发言中，陈云还结合"全聚德"烤鸭等类似问题作了分析。他说，自从 1953 年我党提出了过渡时期的总路线，要在一个相当长的时间内，逐步实现对农村、手工业和资本主义工商业的社会主义改造之后，饱受"三座大山"压迫的各地人民对贯彻实施总路线，尽快跨入社会主义的热情比较高。但由于对资本主义工商业进行社会主义改造是一项全新的任务，无任何经验可借鉴，再加之某些地区的改造准备又不够充分，工作方法上也有些简单化，致使在具体操作上出现了失误，产生了一些问题。其中受冲击较大、反响比较多的就是以前老百姓较为认同的个别老牌子、老字号，像"东来顺""全聚德"等在实施改造后其产品质量与改造前相比有下降。

最后陈云又从辩证的角度看，说上述的问题出现得好，出现得及时。这要求我们更加重视对资本主义工商业的社会主义改造工作，要周密策划，精心操作，注意尽早克服改造工作中出现的某些失误和不当之处，把好事真正办好，顺利实现党的总路线所明确的目标。

陈云摸清了"东来顺"涮羊肉风波的来龙去脉，便立即着手保护群众心目中的老品牌、老字号产品的整治工作，并以点带面，从全局的角度了解和解决对资本改造过程中出现或可能出现的新问题和新动向。

# 31 | 社会主义需要"夫妻店"

发现风口，探索了风源，平息风波工作就有条不紊了。

陈云向党中央和毛主席汇报后，决定把"我们轻易地改变了它的规矩"再改变回来。社会主义应该有自己的名牌产品、拳头产品。过去简单地、整齐划一地取消名牌、老字号不好，现在要区别对待，只要是老百姓喜欢的、信赖的、健康的需求，我们就要满足。

陈云在前期调研分析的基础上，再广泛征求有关部门和同志的意见，具体从对"东来顺"涮羊肉品牌保护入手，为保持产品名牌、解决公私合营后部分产品质量下降的问题，提出 5 条具体措施：

一是名牌、拳头产品原有的生产方法、经营方法，照旧不变，以免把以前好的东西改掉；二是国家不再对这些商品实行统购统销；三是建立对商品设计人员、专业技术人员给予物质和精神奖励的机制；四是允许优质优价，在国家统一指导下，产品价格允许在一定范围内的浮动；五是加强名牌产品的原料供应工作，注意满足这些产品在原料上的某些特殊要求。

保护品牌5条措施实施后，"东来顺""全聚德"等老品牌又让北京市民喜笑颜开。

对"东来顺"涮羊肉的整治，陈云从老百姓脸上看出了"公私合营"中"合"的辩证关系。既为"合"，不能一味强调"公"，突出"公"，将小商小贩统统"合营"，一不能强制性"合"，二在"合"的过程中要有"私营"存在的空间。

针对公私合营后，某些地方把小商店、夫妻店统统纳入合营范畴的做法，陈云明确表示了自己的不同看法。在一次会议上，他就此专门谈道："我家对门一个小铺子，铺面不大，只能站两个顾客。但是他卖的东西能满足那个地方的群众需要，从文房四宝、牙刷牙膏、针头线脑，直至邮票，样样都有。这种小铺子的经营方针就是看居民需要什么就卖什么，对群众来讲很方便。他们卖的方法也跟百货公司不同。小小的信封一个也卖。售货时间也不一样，晚上十二点敲门也照样卖东西。"

他说："在长时期内，大部分小商小贩在中国社会里是不可少的。如果没有小商小贩，市场会很死，居民就会感到不方便。照我看来，小商小贩也是一笔财富。卖馄饨、卖酸梅汤的小商小贩，如果取消了，只有'全聚德''东来顺'，老百姓就要反对我们。在胡同里和火车站有卖饮食的，冬天是热的，夏天是凉的。乡下还有送货上门和收购破铜烂铁的，少了这些小商小贩，老百姓也会不满意的。"

陈云指出："我看到了社会主义社会，长时期内还需要'夫妻店'。因为老百姓还要买小杂货、油盐酱醋，还要吃大饼、油条、馄饨、汤圆。"

市场多元化是群众生活的必要补充。之后，因为"东来顺"涮羊肉风波，对资本改造"公私合营"找到了一条科学的"合营"路子。城乡市场繁荣，便民利民，《社会主义好》大合唱中"杂音"少了。

陈云又亲自去对门的"夫妻店"敲门了……他每次走进市场，边逛边哼小曲，手里那"二胡""拉"得其乐无穷。

## 32 | 帮阿婆去找鸡

陈云曾多次回到家乡青浦县搞农村工作调查。

一天，他来到了小蒸公社，和公社陪同的人员察看集体猪圈。这时，天空突然下起了小雨，陈云头上只戴着草帽。

"廖陈云同志！"一个很熟悉的声音，把陈云召回到少年的岁月。陈云自幼父母双亡，由舅父廖文光抚养成人。"廖陈云"这个名字即便在家乡，也很少有人这样叫他了，这个声音让他仿佛回到了几十年前的岁月。陈云连忙转身，发现是年幼时和自己一起玩耍、一起长大的小伙伴，她如今成了一个阿婆了。他和颜悦色，想起童年欢快的时光，也叫起了对方的乳名。

阿婆亲切地应了一声，气喘吁吁地跑在陈云跟前，却面露难色，再张嘴，就有些哽咽了。陈云也马上收敛了笑容，关切地问道："别急，什么事，慢慢说。"

见阿婆情绪一时还没稳定，陈云拉住了她的手，等她说话。

"昨晚，我的一只老母鸡被偷了。"阿婆终于说出话来，还边说边用衣角抹眼泪，"这叫我咋办哟？这只母鸡每天生蛋，我是靠卖蛋的钱买煤油和草纸的。现在鸡被偷了，不是要我的命吗？"

陈云知道了事情的原委，关切地点点头，一边安慰阿婆，一边对身旁陪同的公社干部说："你赶紧去帮助阿婆找鸡。"

阿婆在公社干部的陪同下离开了。这时，有位同志在一边嘟囔："这么一点小事，也跑来惊动首长。"

陈云却认真地说："不，我看事情一点不小。"

陈云只说出这几个字，再也没说话了。大家都在沉思。

旁边的同志想，一只鸡，多大的事，比鸡毛蒜皮大不了多少。农家丢了狗也不算大事，丢了猪、丢了牛才算大事。一位国务院副总理，安排公社干部去帮老百姓找一只鸡……他觉得有点滑稽，国家高层领导在管老百姓家里头一件极小的事情。

这时的阿婆并没把陈云当首长、当国家副总理看。她自幼同陈云相处，了解陈云的性格，只知道他是干部，是来村子里了解情况的，有人偷鸡，这不是村子里的重要情况吗？

陈云想得更多：像阿婆母鸡被盗这件事，看起来是件微不足道的事，却折射出农民生活的艰辛。仅仅是丢了一只生蛋的母鸡，阿婆便急成这个样子，像是丢了命，为什么？因为这是她手上唯一能自己掌握的"活钱"，是维持日常基本消费品的根本来源，断了这个生活源，就难以维持生计。被偷的和去偷的人都是盯上了这一点，认为鸡屁股上有个自己开的"银行"。这说明农民的家庭副业亟待发展。国家经济形势比较困难，如何尽快提高农民的生活水平，发展农民家庭副业是当务之急。像各家各户有份自留地，能充分调动农民的主观能动性和劳动积极性一样，农副业对提高农民生活水平同样也能起到立竿见影的效果。

加强发展农民的家庭副业，就势必涉及鸡、鸭、猪等家禽和牲畜的饲养问题。特别是养猪，农民是熟悉的且经验丰富，见效快，收益高，能充分利用家家户户的泔水、杂粮、草料，是家庭零存整取的"储蓄所"。但是这一办法要真正实施起来，还必须解决"公养猪"与"私养猪"的比较问题，因为目前的政策只允许生猪公养。

在"公养"还是"私养"这个问题上，谁都不敢轻易"越轨"。在新中国成立后，随着国内政治大气候的变化已经在此问题上出现几次反复了。第一次是在1958年秋的人民公社化运动时期，先是将私养猪统统收上来实行公养，后来发现存在不少弊端，于是1959年春就又纷纷发还给个人私养了。第二次则是在1959年庐山会议结束以后，这次会议本来准备纠"左"，但后来由于错误地批判彭德怀导致进一步反"右"，于是反"右"风吹到农村后，原来养在农民手中的猪又都被牵回了公社猪场。等人们刚刚安定下来，谁知1960年下半年，一纸命令又再次将公养改为私养，后又由私养改为公养。

如此颠来倒去让老百姓无所适从。到底哪样好，农民倾向"私养"还是"公养"？陈云决心好好地研究一番。

当时生猪公养，但母猪还是让私人家养。陈云注意同养母猪户交流，并观察他们的养猪生活动态，发现农民一有空闲时间就到猪圈转转，一旦发现猪有生病症状立即送治。私养猪饲料种类也多，量又足，定时打扫猪圈卫生，一直保持干净。在这种环境中，猪吃得好、睡得安，自然肉长得也快。尤其是私养猪时，农户采用大量四处割来的青草，而很少用稻草喂养，成本大大降低。此外，饲养时间也比较节约，比如家里的大灶可一边做饭一边兼煮猪食。家庭私养猪时，农户耐心好，有的人家还会在猪吃食时用手摸摸，把大一点、粗一点的猪食都摸出来，让猪吃得肚子滚圆为止。这样养的猪自然长得好，长得快，农户的赚头自然也就大。

小蒸公社现有的15个养猪场，陈云亲自察看了10个，并请调查组的其他同志看了其余几个。

公养猪场饲养员喂猪时将潲盆随手一放，各头猪便一哄而起，强壮的吃饱了，瘦弱的一口食也抢不到。有的猪干食吃不下，只好在一旁嗷嗷直叫，也没人理睬。有的是水泥池大潲盆，猪吃完也没人打扫，一餐累一餐的陈潲，导致猪圈卫生极差。

陈云自幼跟着舅母喂过猪，平素喜怒不易上脸的他，这回可真生气了，说："从来没有见过这样养猪的地方，这样的猪场能养出好猪吗？"

陈云又深入农民食堂和农民家中去听反映，还到集市上去了解情况，分别与六七个公养和私养的农民进行两次谈话，加上市场公众的反映，他掌握了第一手资料。

陈云在小蒸主持召开专题座谈会和研究会。他当着乡亲们的面摆出事实：人民公社化以前，小蒸公社全年养猪15000多头。公社化后，所有私养猪收归公养，仅投入兴建猪场搞基本建设的资金就用去7万多元，但猪的出栏数急剧下降近2/3。由于公养猪的死亡率高，苗猪死亡率更是高达89%，而且猪长肉少，积肥少，稻草消耗大，劳动力浪费也大，致使去年1年公养猪不仅没赚到钱，反而亏了38000多元。与此相反，私养猪的死亡率极低，长肉多，积肥也多，并且节省稻草和劳动力，仅一头母猪一年就可为农民创收200多元。

这样一比较，私养猪与公养猪利弊突显，私养猪更加适合中国农村当前的生产力状况。因此，陈云首次就这一问题明确表了态："没收不对，发还才是对的，以后再不会没收了。"

不久，陈云就把这次调查写成了调研报告向党中央汇报。

陈云不仅帮阿婆找回了鸡，同时也帮乡亲们找回了猪。

# 33 | 钢材指标

"大跃进"时期，工业战线提出"以钢为纲"的口号。赶超英国是以钢产量这一指标为标志的。这样一来，造成国民经济全面紧张，各种矛盾日益暴露。对一些极端的做法，毛泽东也开始有所察觉，开始考虑缓解这一紧张气氛。

对于钢的指标，1958 年底，在武昌举行的八届六中全会上已经降了下来。1959 年钢产量由 2700 万吨至 3000 万吨降为 1800 万吨至 2000 万吨。但经过调查，陈云觉得这一指标还是难以完成。为慎重起见，陈云建议此次大会降下的指标暂不公布为好，他想一降再降，提出 1959 年钢产量指标可以降到 900 万吨至 1300 万吨，即钢材指标降到 900 万吨，钢产量降到 1300 万吨。但冶金部的领导仍抱住高指标不放，不肯降低，说指标低了就会泄气。

1959 年 5 月 11 日，中央政治局召开会议，听取陈云关于落实钢指标的意见，讨论国家计委的报告。

陈云在会上首先表态，提出把钢材指标定为 900 万吨，并以此作为前进的基点。陈云详细说出他的三点理由：

第一，"从钢铁工业内部环节看，这个指标比较可靠，比较实在"。他分析说，要生产 900 万吨钢材，就要求生产 1300 万吨钢，2000 万吨铁。其中，炼钢用铁要 1300 万吨，铸造和增加周转用铁 550 万吨，另外还要准备质量不好的次铁 150 万吨。然后，他还从矿石、焦炭、耐火材料、冶炼、运输 5 个方面作了说明。

他说，生产 1 吨铁需要 3.5 吨铁矿石，生产 2000 万吨铁就要 7000 万吨铁矿石。现有 14 个机械装备和铁路运输的大型采矿企业，一年可采铁矿石 5300 万吨。现有 19 个中型采矿企业，全年可采铁矿石 800 万吨。现有 214 小型土法生产的采矿点，全年共可采铁矿石 1000 万吨。以上大、中、小三类企业合计，可以生产铁矿石 7100 万吨，能够运出的 7000 万吨。

炼 1 吨铁，平均需要 1.5 吨焦炭；炼 1 吨焦炭，平均需要 1.5 吨洗煤；1 吨洗煤，平均需要 2 吨炼焦煤。因此，生产 2000 万吨生铁，就需要 3000 万吨焦炭，折合 4500 万吨洗煤，或者 9000 万至 1 亿吨炼焦煤。保证钢铁质量的关键是洗煤，当时洗煤能力的情况是，大型的机械洗煤厂大约可生产 1950 万吨，新建的洗煤厂可生产 550 万吨，还要用土法生产洗煤 2000 万吨。炼焦能力的情况是，原有的大型洋法生产可以达到 1000 万吨，新建的机械化炼焦炉和简易炼焦炉如能如期建成，可以生产1000万吨，尚缺1000万吨，仍然需要用土法生产来解决。

关于耐火材料，全年需各种耐火材料420万吨，需原料600万吨。这些原料，用机械化开采的只占20%，其余的基本上是手工操作的，因此，在开采和搬运方面都需要用很多人力。

关于运输，为了生产2000万吨生铁，除需要运输炼焦煤9000万吨到1亿吨以外，矿石、耐火材料等物资的运输量也是很大的。冶金部要求：铺设铁路专线和专用线共500公里，铺设轻便铁路500公里，增加机车150台，增加车皮1500辆，还要增加一批小型机车和矿车。

由此，陈云才得出结论：从钢铁工业内部关系看，当年生产900万吨钢材，相应地生产1300万吨钢，是有可能的，但是还需作很大的努力，并不是轻而易举的。

第二，从当年前4个月的生产情况看，这个指标还是有可能完成的。他说，前4个月已经生产钢材227万吨、钢336万吨、铁603万吨。今后8个月生产673万吨钢材、964万吨钢、1400万吨铁，经过努力还是有可能完成的。

第三，多生产一些钢当然是一件好事，现在的主要问题是，要力争多增加重轨、大型钢材、中厚钢板、薄钢板、无缝钢管、有缝钢管、硅钢片、优质钢材这8种重要钢材的产量，以适应生产和建设的需要。

陈云还在会上讲了整个钢铁生产和计划安排的意见。政治局会议讨论通过了计委报告和陈云的意见。

　　经过最大努力，到 1959 年底，全年实际完成生产 897 万吨钢材、1387 万吨钢。

# 34 | "我看陈云同志行"

1962年1月11日至2月7日召开了扩大的中央工作会议，与会者包括来自中央、各部委、各省自治区党委，以及地委、县委、重要厂矿企业党委和部队的负责同志共约7000人。这是新中国成立后一次著名的会议，后来的党史研究工作者通常将其称为"七千人大会"。

会议期间，与会代表进行了热烈的讨论，气氛比较宽松。陈云也与大家一道讨论大会报告。他在参加陕西省全体干部会议时强调："共产党人只要有勇于开展批评和自我批评这一条，坚持真理，改正错误，就将无敌于天下。"

尽管大会在贯彻党的民主集中制原则，开展批评与自我批评，以及实事求是地认识当前国家经济情况的问题上进了一步，并否定了用"九个指头和一个指头"的提法来评价成绩和问题，但陈云对报告"最困难的时期已经渡过了"的提法有自己的想法，对此，陈云非常慎重。这种说法是经过与会者的反复讨论和修改并经毛泽东亲自审阅圈定下来的。一向首先考虑他人意见的陈云想搞清的是，这一提法是不是确实有道理，是不是客观。此外，做出怎样的基本形势判断非同小可，它将直接关系到对下一阶段的各项工作如何进行规划和决策。

那天是全体大会，中央政治局常委中，毛泽东、刘少奇、周恩来、朱德、邓小平等领导人都先后发了言。唯独陈云一直默默无语，没有准备发言的意向。因为陈云讲话从不随便，只要是他自己感到问题尚未想清楚、弄明白、搞确切，对自己的看法都拿不准时，他就不随便发言。

半个月后，在中南海西楼召开的中共中央政治局常委扩大会议上，陈云讲话了，这是他经过精心准备的一个长篇发言。他发言的重点是系统、全面地介绍个人对当前形势，特别是对经济困难的分析和看法，提出了解决问题的意见和建议。他认为严重困难时期尚未结束，还不是乐观的时候。他强调，必须考虑采取"非常措施"，要把工作的基点放在"争取快，准备慢"上。"凡是有利于争取农业增产的，我们都要尽力去做。但是，也要考虑到，工作都做了，还可能不够快，所以要做慢的准备。"

陈云的话不敷衍，提出的问题尖锐，击中痛处，可又有止痛活血除污的功效，就像理疗师在给人针灸和推拿。他说，见面打"官腔"，这种情况继续下去，革命是会失败的。干革命的，应该讲真话，有问题就提出，有意见就发表，认真地进行讨论……人是好人，心是好心，就是做错了事，讲清楚了的，改正了错误，把工作做好了，能够得到人民的原谅。

陈云的这次发言，表达了自己对"最困难的时期已经渡过了"这一说法的不同意见。由于准备充分、言之有据、分析透彻、研究深入，且在讨论中，陈云讲事实，摆道理，耐心、认真地将自己经过充分调查得到的一些实际结果向与会者们作出了详细讲解。因此，会议达成了一致，陈云的讲话经毛泽东批准，作为中央文件，成为当时国家经济各项工作的指导性文件。

在"七千人大会"上，关于陈云，毛泽东就讲了一句话："社会主义经济，对于我们来说，还有许多未被认识的必然王国……陈云同志，特别是他，懂得较多。"

毛泽东还在另一会议上讲过一句话："不要看他和平得很，但他看问题尖锐，能抓到要点。所以，我看陈云同志行。"

# 35 | "笼子" 与 "鸟"

1982年12月2日,陈云在出席五届全国人大五次会议时,与来自上海的部分代表团成员进行了座谈。在会上,陈云就国家计划和市场活动的关系问题,作了形象而富有哲理的描述。

他把商品市场比作"鸟",把国家计划比作"笼子"。这两者就像"鸟"与"笼子"的关系一样。鸟不能捏在手里,捏在手里会死,要让它飞,但只能让它在笼子里飞。没有笼子,它就飞跑了。如果说"鸟"是搞活经济的话,那么,"笼子"就是国家计划。

陈云强调说:"搞活经济是在计划指导下搞活,不是离开计划的指导搞活。"当时,陈云这样讲是有其针对性的。一段时间,在国家经济生活中曾经反复出现过一个奇怪的现象,就是"一抓就死,一放就乱,一乱就抓",这在各地市场不同程度地循环出现。结果,无论是作为市场管理工作者,还是市场经营者,都感到比较棘手,不知该如何认识和处理。陈云提出的"笼子"与"鸟"的观点，把深奥的哲学理论问题，与人们日常生活中显而易见、触手可及的事物联系起来，通俗易懂。

怎样"抓而不死，活而不乱"，让市场长期健康有序发展？"笼子"与"鸟"的规律虽提得明白，摆在面前了，践行规律却是一个漫长的过程。

"文革"后，中国经济出现几次大的波折。人们将参加政治运动的热情转到经济建设上来，恨不得一口气就把耽误的时光弥补回来，尽快改变落后的面貌，缩小与周边发达国家和地区之间的差距。于是，过去的"大跃进"变成了"洋跃进"，一些偏高的、不切国情的口号和计划被制订出来，各部门将基本建设规模进一步扩大。

战争年代，无论是危机四伏的特科工作还是在硝烟弥漫的阵地战场上，陈云未曾皱过眉头，从未言过一个"怕"字。革命胜利后，陈云面对"洋跃进"中财政基建投资连年赤字，银行加大印发钞票和用发票来搞建设等违背经济规律的做法，就犹如在自己身边埋"定时炸弹"，随时都有通货膨胀"爆炸"的可能时，他说："你们不怕通货膨胀，我给你们讲，我害怕，我害怕，我害怕。"

从陈云对敌战场的"不怕"到对经济市场的三声"害怕"，可见他对个人安危置之度外，而对国家、对人民高度负责任。改革初期"洋跃进"的结果，导致综合平衡又一次被严重打破，国家财政经济困难进一步加重，1980年不得不进行大调整。

通过不懈努力，国家经济逐步迈入正常发展轨道。但从 1984 年开始又出现经济热，1992 年又开始新一轮经济过热，且物价上涨长期保持在两位数以上，改革、发展、稳定三者之间的综合协调一次次被打破，全国群众反应十分强烈。结果，1994 年全国爆发了高通货膨胀，零售物价上涨了 21.7%，创造了新中国成立以来历史最高纪录，且有继续攀升之势。

在此情况下，1994 年年底召开的中央经济工作会议，决定把抑制通货膨胀列为 1995 年经济工作的一件大事与宏观调控的主要任务，切实加强农业基础地位。

在之后的一段时期，中国经济成功地实现了"软着陆"，连续保持"低通胀""高增长"。在亚洲金融风暴大面积冲击泰国、印度尼西亚、韩国等经济时，人民币却没有贬值，使经济保持健康、平稳发展。在金融风暴中，中国经济对亚洲经济乃至全球经济所采取的负责任的态度得到了一致好评和广泛赞誉。这正是几年来国家在市场经济中运用宏观能力，科学协调"笼子"与"鸟"的关系所做出令世人瞩目的贡献。

## 36 | 90%与10%

毛泽东十分重视调查研究，他有一句名言："没有调查，没有发言权。"

长期从事经济工作的陈云，习惯了用数字来说话。他对调查研究工作的重要性表述为："要用90%以上的时间作调查研究工作，最后讨论决定用不到10%的时间就够了。"

陈云在长期的革命实践活动中，身体力行，总结形成了一套较完整科学的调查方法。简单地讲，就是他常说的："调查研究一定打破砂锅问到底。"如何"到底"？陈云有两种方法：一种是亲自率工作组或派工作组下乡、下厂蹲点调查，以便听到各种意见和反映；一种是通过敢讲真话的知心朋友和曾在身边工作的人员，同他们建立固定的、长期的联系，这样就可以经常听到基层干部、群众的真实呼声。陈云还强调：这两种调查研究方法都有必要，并缺一不可。就是说，两种方法是齐头并进的，而不是单一的。

陈云不仅这样说，工作实践中也是这样做的。

新中国成立初期，全国经济工作严峻。受党中央委托，陈云亲赴大上海，解决稳定物价、恢复金融秩序问题。当时时间紧迫，向大西南、大西北进军的军事行动正在迅速取得进展，需要后方物资的大力支援；而上海一些资本家和投机分子又在千方百计与新生的人民政府作对，囤积居奇，哄抬物价，扰乱秩序，一时市民人心浮动。陈云冒着被天上飞机轰炸、暗处有"黑枪"的危险，带领工作人员像解放前在上海领导党的地下工作一样，查"两白一黑"：大米、纱布和煤炭。为了掌握最真实的经济数据，以便政府更好地确定"放"与"收"的政策，陈云同资本家和投机商巧妙周旋，好让他们将自己吃进去的东西，心甘情愿地以低价向政府吐出来。这就是在打一场严峻的不见硝烟的"经济仗"，决定这场战争胜负的是调查研究，也可以说是在打一场调查研究的战争。

对调查研究，陈云还有一句口头禅，即"磨刀不误砍柴工"。不要怜惜"磨刀"的时间，调查不是一蹴而就的事，经常要反复多次调查，片面的东西不代表事物的本质，一叶障目往往会让决策失误，一定要全面摸准有说服力的实情（或数字）才好决策。调查同郎中看病一样，看病这个过程（望、闻、问、切）非常重要，看准了病才好"对症下药"。陈云在上海那次整顿物价、稳定市场的调研中，就把市场病因、病根查出来了，于是有针对性地从东北向上海调集大批粮食。政府还掌握大量纱布，从而保证市场供应，使投机分子无机可乘，最终"药到病除"，社会局面很快稳定下来，人民民主专政也从经济上得以巩固。对此，党中央、毛泽东高度评价，认为经济意义上"不亚于淮海战役"。实际上那次胜利的 90% 得益于他们穿街走巷调查研究！

陈云在"大跃进"的政治环境下，对钢材指标一降再降，作出年钢产量 900 万吨指标的决定。但要用数字说服大家，他不单要依靠报表中的数据，更要从实际出发，甚至要从每一个炼钢的流程中出发。针对其他同志调查的数据，陈云还要眼见为实。他认为只有这样才能成为"铁证"，才能让决策者们"哑口无言"。

陈云后来在江西几年"蹲点"，走工厂，下矿井，进校园，进农家，对调查研究，体会更加深刻。

## 37│"有钱难买反对自己意见的人"

陈云"不唯上，不唯书，只唯实"的至理名言众所周知。一次他在医院住院，因体虚耳背，医生问情况都得对他的耳朵说，他才能听到。可有一次护士来输液时，偶然同陪护人员搭讪："不是说谁有句名言'不唯上，不唯书，要唯实'吗？"

护士的这句话却神奇地被陈云听到了，他马上更正道："你说错了一句，是'只唯实'。"

在场的人当即都忍不住笑起来。护士也知道了，原来这句名言的作者正是这位病人。他很难听到医生的问话，却将护士的一句搭讪听得真切，因为这是他的心语，别人说错了一个字他也能听得出来了。

他于是又不厌其烦地解释："不唯上"不是不执行上级指示，但不能"唯上"，还是要将上级指示与你这里的实际情况相结合；"不唯书"，就是不完全按书本上、文件里的去做，要结合实际；"只唯实"

就是一定要将理论联系实际，换句话说，就是实践是检验真理的唯一标准，没有第二个标准。"要唯实"这个"要"字带有了主观性、命令性，还有可选择的余地，"只"是唯一性、科学性，这一个字很重要。

这三句话都落在"实"字上。陈云在学毛泽东哲学入门时就总结了一句话：毛泽东哲学的精髓和核心在"实事求是"。那么怎样才能"实"呢？调查研究摸实情、明真相。怎么才能摸准事实和明白真相呢？通常说就是调查作风务实，不打官腔，贴近群众，贴近实际。但群众中奉行"逢人只说三分话，未可全抛一片心""假话不可说，真话不全说"的明哲保身的大有人在。这也就是说，即使你贴近了群众，都难以掌握真实情况。

因此，陈云在日常工作中和在调查研究过程中还有一句名言："有钱难买反对自己意见的人。"就是说"兼听则明"。只愿听群众说奉承话、说好话，不愿听反对自己的话，这样就难以得到真实的材料。

陈云知道列宁"请反对过自己的人一道工作"的故事。陈云即把反对自己意见的人看得很重，认为金钱难买。

陈云认为，从态度上讲，影响领导获取真实材料的因素主要有两点：一是面子过不去，二是姿态放不下。二者总在制约着领导与真实之间的距离。他说，只有领导干部虚心，大家才会说话。不要以为甘当小学生、虚心请教、广纳众言会丢面子，会使权威地位下降；不要以为只有上面的话好听，下面的话不好听，上面好，下面坏；不要以为上面的经是好经，就是小和尚念坏了，小和尚的嘴是歪的，歪嘴和尚念不出好经。这种说法是不对的，且正好相反：一个处世慎重、虚心听取各方意见、科学决策的领导，只会越来越得到上级的信任和下级的尊重，只有敢于放下"正确"的包袱，才会真正"正确"，才会将可能的失误控制在最小的范围内和最低的限度上，否则就会跌跟头。

关于面子问题，陈云又说："共产党员参加革命，丢了一切，准备牺牲性命干革命，还计较什么面子？为得真理，怎么对老百姓有利，怎么对革命有利就怎么办。"他又说："其实光说好话的都是拍马屁的，拍马屁绝不是件好事；不客气批评别人的人才是好人，才够得上是革命同志。"

陈云知道，延安军民大生产运动的兴起就是因为有个农民听说雷打死了一位红军战士而骂了毛泽东，"雷没长眼睛，怎么不打死毛泽东"。毛泽东后来找出了骂自己的原因，原来是农民认为征粮太重。从正当渠道，这方面的意见难以反映上来。毛泽东不但保护了这位农民，还发动军民大生产运动，让延安度过了国民党经济封锁的困难时期。

1957 年，党内"百家争鸣"搞得好，陈云在接见苏联消费合作社访华代表团时说，最近报纸上天天登资产阶级骂共产党的文章，最坏的意见也发表。这是为了教育人民，使人民看到除了有支持共产党的主张外，还有反对共产党的主张。如果只有毛泽东思想，革命不一定胜利。之所以能胜利，蒋介石的"教育"功劳并不小。"我们只讲马列主义不行，一定要有反共言论，这个先生不可少，他不讲马列主义，却能教育全国人民。"这是陈云对苏联朋友讲出的一句名言。因为有反对意见，所以我们在决定之前至少会重新审视下自己，使自己的观点更加科学。忠言逆耳，逆耳之言更能醒耳。

1955 年 1 月和 5 月，1957 年 3 月和 1961 年 6 月，陈云先后 4 次回到上海市青浦县的小蒸公社进行农村社会调查。他请了当年两位在小蒸公社组织过农民暴动的老友一起参加。因为这两人都有着直言不讳的性格，对当地情况又熟。农民也熟悉他们，这样农民才敢讲真话，农民才会与干部滚打在一起，干部才能摸准实情。

比如，时令已到，农民吃不饱饭，无力插秧。眼看公社的秧苗还没插下去，有人提出包干到人、到户，果然，插秧的工作很快就落实下去了。可是眼看插秧只图快没质量，又有人提出谁插的田归谁耕作收割，联产承包。结果，秧插得又快又好了，开始没插好的人还自觉补工。群众本就对政府"一大二公"的政策有所怨言，加上这插秧的事也摆在大家面前，时间不等人，大家心急如焚。一实行责任到户，农民的精神立马就振作了。于是，陈云郑重向毛泽东、向党中央提出实行"包产到户"的建议。

# 38 │ "个人名利淡如水"

陈云一生著作不少，可在《陈云文选》中他自己偏要选入一篇写给中央的"检讨书"。这是陈云于 1948 年 4 月写成的，实际上是一份给中央的检讨性的报告。

1947 年底前，陈云担任中共南满分局书记兼辽东军区政委。当时，整个东北解放区正在开展声势浩大的土地改革运动，斗土豪恶霸，愤怒声讨旧社会的罪恶，耕作在这片黑土地上的人终于成了黑土地的主人。辽东地区也于 1947 年秋开始了土改，全区先后有 2000 多名干部组成工作队下乡。他们分散到各地农村，与农民同吃同住，做了大量宣传鼓动工作。农民纷纷发动起来，土改运动得以蓬勃发展。

在运动之初，各地干部根据"点点前进，求透不求快"的预定方针，讲政策，讲方法，积极稳妥地开展工作，成效很大。只是到后来，随着土改规模越来越扩大，个别地方开始出现了一些简单化倾向，存在个别过急过猛的做法。1947年年底，陈云了解到这些情况之后，尽管当时他本人已经调离辽东，并担任中共北满分局书记兼北满军区政委，但他仍然主动站出来，写报告给中央，表示自己应该承担责任。

陈文出《陈云文选》，优秀文章肯定很多，他却把这篇"检讨"选进去作为自己以后工作中的一面"镜子"。

新中国成立后，陈云曾任中共中央政治局委员、中央副主席、政务院副总理等党和国家的重要领导职务。有关部门为中央领导人确定工资级别时，原定方案是毛泽东、周恩来、朱德、刘少奇和陈云这5位书记都一律为一级。但此方案在报到陈云那里时，他把自己降了一级。

1951年，苏联政府为表示友好，送给我国政府5辆"吉斯"牌高级防弹车，有关部门决定分配给中央5位书记使用。但当陈云有一天发现自己乘的车被换成了崭新的"吉斯"车，并了解到事情的来龙去脉时，他坚决要求换回原车。陈云表示，他不能同毛泽东、周恩来、朱德和刘少奇一样。

在1945年召开的党的第七次全国代表大会上，陈云曾讲道："假设你在党的领导下做一点工作，做得还不错，对这个功劳怎样看？我说这里有三个因素：头一个是人民的力量，第二是党的领导，第三才轮到个人。可不可以把次序倒转一下，第一个是个人，第二是党，第三是老百姓？我说不能这样看。"他认为，人民群众是创造历史的决定性力量，任何英雄好汉离开了人民群众都将会一事无成。任何个人的作用都离不开党的领导。党是领导群众前进的，但是党必须依靠群众。

1982 年，有关部门要编辑出版陈云从 1949 年至 1956 年期间的文稿时，陈云特别嘱咐大家，在后记中一定要说明：所有重大决策，都是在大家包括他做的必要的调查研究基础上，经过集体讨论作出并报请党中央批准的。陈云还强调，大家在阅读文稿时，如果觉得哪一段工作还有成功之处，绝不要把功劳记在他一个人的账上。

青浦县和练塘镇于 1990 年决定在陈云旧居基础上，建立"陈云同志革命历史陈列馆"。陈云得知这一情况后，专门带信给当地有关部门，要求不要搞个人的革命业绩陈列馆。

根据陈云的意见，青浦县和练塘镇只好将已建成的陈列馆在展出内容和范围上进行调整，改为陈列青浦县各个时代的所有革命先驱的斗争历史和业绩的场所，并正式命名为"青浦县革命历史陈列馆"。

陈云一生淡泊。他给自己写下了这样一个条幅："个人名利淡如水，党的事业重如山。"

## 39 | 亲朋做榜样

陈云当了"大官"，亲朋故旧都想来找他帮忙。

陈云自幼就是舅父抚养大的，名字也叫"廖陈云"，他与舅父一家的感情特别深。尤其是陈云参加革命后，舅父一家又同陈云姐姐一样受牵连，一家老小为陈云投身革命受过不少苦。陈云对这些，心中自然都记挂着。当年第一份工作存的第一笔钱就为舅父一家买了火车票，送他们去杭州旅游。

新中国成立后，一天，陈云的表弟一瘸一拐地来到北京找陈云。原来舅父的儿子后来腿脚出了毛病，算个半残疾人，想找哥哥关照，为自己找份工作。陈云看到他幼时带大的弟弟来到北京，心里既高兴又痛惜。高兴的是久别的亲人终于得以重逢，同时又为弟弟今后的不便心生怅然。陈云让工作人员带他在北京玩玩，又为他买了新衣裳，最后还是买票送他回了老家。他对弟弟解释：以后生活上的困难哥哥会帮助，当地政府也会按政策帮助，工作安排的事有专门的组织人事部门按原则、按条件办，哥哥的"官"位是人民给的，只能为人民办事，不能为自己办事，家里亲戚多，弟弟最亲，要做榜样。弟弟也理解哥哥，只好回练塘老家做点力所能及的事情。

老家一位亲戚给陈云写信说，儿子30多岁了，初中毕业后一直在家乡的供销社做采购工作，他们认为在地方工作没有什么前途，希望陈云副总理在北京给他的儿子安排一个工作，并明说这点小事对一个副总理来说一定不是问题。陈云读信后，只好以他办公室的名义复信，说明供销社是支援农业生产的一个重要的工作部门，不要看不起这份工作，只要把工作做好了，自己的前途也会有发展的，应当安心在地方工作；同样还向他解释，国家工作人员的调动是根据工作需要，由组织人事部门决定的，这是党的原则，他虽是共产党的大干部，也不能违反这个原则，希望他们能理解。可是信发出后不久，大概是他们想不通，也不打个招呼，那位亲戚的儿子就到北京找上了门。陈云又只好当面耐心地同他谈前途、理想，谈组织原则。后来，这个亲戚的思想工作做通了，愉快地回到单位，还多次给陈云写信汇报家乡农业生产和他的工作情况。

还有一个是陈云当年在上海商务印书馆的同事的儿子，从东北富拉尔基某工厂来信说，他在大学学的专业是工业机械，毕业后工厂没有分配他搞机械制造，而是分配他搞铸造，这与他在大学时所学的专业不对口，不能发挥所长。他已多次向厂领导反映过，要求调换工作，但厂领导总是强调厂里工作需要而不考虑他的要求。为此，他才给陈云写信，希望陈云能和他们厂的领导说一下，把他调到沈阳某机械厂工作。陈云看信后，只好要办公室回信做工作说，凭个人关系调动工作违反组织原则，他不能这样做，并用弟弟的情况做例子，希望被理解。

一次，陈云同志在上海做地下工作时和他一起工作过的一个同志，从西安来信说他儿子在西安工作，他们二老在上海，年老多病，请陈云帮忙调儿子回上海工作，好照顾他们生活。陈云也只好要办公室同志代他回复，并做工作，说明这种情况全国还有很多，有困难也只能靠组织调动，由个人关系调动影响原则。对于大多数没有个人关系的同志，他们又该怎么办呢？当年之所以参加革命，不正是要为了大多数人谋利益吗？陈云看了复信，还加上几句问候的话，要他们好好保重身体，说有机会会去看望老战友。

亲朋故旧都想要得到陈云的帮助和关照，但他们一想到陈云对待弟弟的例子，也都无话可说了。

# 40 | "三不准"家规

陈云给一家人立下了"三不准"规矩：不准搭乘他的车；不准接触他看的文件；子女不准进出他的办公室。

严于律己，克己奉公。陈云对自己如此，对家人也一样。

子女上学无论远近，他从不派人接送，即使是顺路，也不准搭他的车，让孩子完全同普通人家孩子一样学习和生活。

陈云对孩子们的零花钱管得很紧。儿子陈方上中学时，十分想买一件东西，实在没有钱，只好从陈云的秘书石长利手里要钱。后来，陈云知道了，便把陈方叫过去，陈方立正在陈云面前，父子俩就有了如此一番对话：

"你从哪儿拿的钱？"

"石头（石长利）那儿。"

"石头哪来的钱？"

"你的工资。"

"我的工资谁给的？"

"人民给的。"

"人民给我的工资你为什么用？"

"我是你的儿子，你是我的爸爸。"

"记住，节约一分钱就是节约人民的钱。我看你的行动。"

从此以后，陈方再也不乱花钱了，再也没向秘书借钱，实在要买的东西都是经过陈云同意后方才购买。

陈云的厨师汪师傅，江苏镇江人，跟随陈云多年。在陈云南下江西"蹲点"时，他也跟着来了江西。有一段时间，汪师傅生病了，陈云要他接受专门治疗。陈云把在中国科学院工作后来下放干校的女儿伟力叫来做饭。伟力那时一个月拿56块钱的工资。伟力虽然是临时替代汪师傅照顾陈云，但干校是同意这件事的，按道理讲工资应该照发的，陈云却不同意。他坚持由他按月给女儿发放56块钱的工资，并通知干校停发。

陈云对伟力说："我们都是共产党员，没有去单位上班，没有工作，就不能白拿工资。"

干校认为陈云的厨师住院情况特殊，派伟力给陈云的厨师代班也是国家工作，并没有停发伟力的工资。伟力也只好按财务手续领取，但领取后硬是退还给干校财务作了收入账。陈云知道伟力把干校发的工资退了，他很高兴。他想还钱本身事小，事关重大的是对孩子一生的教育：国与家、公与私一定要分明，不能因为父亲是党和国家领导人，家人就可以沾国家的光。

陈云夫人于若木也是老同志、老党员。一有同志来家里汇报或谈论公务，她都会主动地回避。晚饭后，陈云夫妻喜欢散步，当陈云在路上遇到熟人，要谈及工作上的敏感话题时，于若木也会马上远远地站到一边去并耐心地等待他们交谈结束。

陈云兼任财委主任时，于若木在财委联络室工作。陈云去财委上下班都有车接送；而于若木则坚持天天骑着自行车上下班，从没因为与丈夫在一个单位上下班而搭过陈云的车。有一次，下班时突然下起了大雨，陈云眼看妻子要淋回家，他心想：按妻子的性格，这时叫她一起搭车回家，她也不会搭的，何况他也不能叫。别的职工下班下雨了，谁送？陈云只好再工作一段时间然后下班，这样等妻子到家后，他给家里打个电话问候一声妻子。于若木虽被淋得一身透湿，却还安慰陈云说没事。

# 41 | "活办法" 和 "死规矩"

陈云主管国家经济工作，天天同经济和物资打交道。作为一个领导，拒绝请吃和送礼也是一大难事。请吃不去，会被说成摆架子，不与群众打成一片；不接真诚相送的礼品，会让朋友失意。但陈云自有他的"活办法"和"死规矩"。

陈云规定："不收任何人的礼品，外宾送的礼品都要上交。"他常说："收礼是有求于我，收下后，决定事情必有偏差。"

陈云在向同志和朋友解释他这些"死规矩"时，说："如果主席、总理给我送礼，我就收，因为他俩没有求我的事儿。"这句话传出去谁还好意思再来送礼呢？下级想送，即使对陈云没有所求，但为了避免嫌疑，本来想送的也都不敢送了。

对于前来汇报的下级，陈云明确说："不请不到，没事别来，有事说事。如果电话中可把事办了，就别跑腿了。"

大家都知道陈云不参加请吃宴会的理由是"身体素质差，不能接受吃喝宴请""生活习惯简单，不接受繁文缛节"，拒收礼的理由是"不可商量""不开先例"。

有一次，陈云深入基层企业调查，几天来，大家看他因长期熬夜明显消瘦了，而在下面单位就餐又不准搞特殊化，稍超标准他就来硬办法。所以基层干部为表敬意和关心，最后商量决定带点土特产先上陈云所乘坐的火车，给首长和同志们补充些营养。考虑到陈云对收礼的一贯态度，带上来的东西也很简单，仅仅是两只老母鸡和一些蔬菜。大家心想，东西这么少，又是已经悄悄带上了火车的，估计不会再吃"闭门羹"了。

大家对于此事严格保密，连陈云的秘书也毫不知情。因为陈云对秘书要求非常严格。直到火车即将开动时，秘书萧华光才知道这事。他当即制止，并要退回礼品，但当地的同志态度坚决，而且又是几位领导共同商定带给首长补身体的。

秘书见拗不过，只好报告了陈云，并且帮忙说情，称对方如此盛情，按市场价格把东西买下来，也不违反原则。

陈云听完汇报果断地说："不能开这个先例，有第一次，就会有第二次，以后就阻止不住了，还是请他们把东西带回去。要和他们说，心意我领了，东西不能收，不可开先例。"

地方领导见首长对此确实"不可商量"，只好将两只老母鸡和蔬菜带下了火车。

还有一次，一位从事军事指挥工作的老部下利用从外地来北京开会的机会，专门带了一箱苹果送给陈云。当时陈云外出，回来得知此事，他便交代秘书把苹果送回去并代为问候与感谢。秘书只好把苹果送还，并解释陈云只收心意不收礼，收礼不可开先例。

又有一次，一位走上了工作岗位的老同志专门登门拜访陈云时带了一箱葡萄。陈云热情接待后，说葡萄要带走，说老同志更不可开先例。老人执意不肯，说一箱葡萄不值几个钱。陈云理解老人的心意，只好打开纸箱说："我吃5颗，满了你一片心意。其他的都只能带走。放在这，就开了先例呀！"

陈云有他的"活办法"，大家也只得尊重陈云的"死规矩"。

## 42 | 难忘那片暖阳

　　"文革"期间，陈云被"疏散"至江西"蹲点"两年七个月。因被指犯有"右倾"错误，这位政治局常委、国务院副总理在这期间只保留了中央委员职务。

　　陈云被安排住在南昌市郊的青云谱干休所。干休所四周环绕高高的砖墙，门口由军人站岗。因此，在全国一片混乱之时，这里反倒令陈云有世外桃源之感。干休所为陈云安排的是最好的8号院，那是由几间青灰瓦房组成的一个小院落。为避免外界打扰，干休所领导还特地连夜组织人手砌起了一道几米高的围墙将8号院与其他地方隔开。

　　陈云带来的三箱书可踏踏实实派上了用场。爱读书的陈云从来没如此清静充实过。他倒觉得对个人而言，这种"再教育"确实很受用。白天，他到距干休所大约一千米处的江西省化工石油机械厂搞蹲点调查。他对厂领导坦诚地说："我是到你们这里来接受工人阶级再教育的。"

这个厂是省属企业，隶属江西省军区生产建设兵团，编号为第28团。厂里实行连（车间）排、班（组）建制，全厂有1600多名职工，含10个连队（车间），100个班（组），主要生产化工炼油设备。陈云要逐个连队（车间）、逐个班（组）蹲点，还要去参加班（组）的生产和政治学习会。

陈云对身边工作人员打招呼，蹲点上班绝不能迟到。因此60多岁的他，为了每天准时赶到厂里，每天天还没亮他就起了床，匆匆洗漱，吃早餐，隆冬季节几乎都是摸黑就上路了，风雨无阻。下雪时，即使道路泥泞难走，他也从没间断过。如遇因公外出或身体不适不能去工厂，陈云也都按照厂里规定的制度事先请假，绝不马虎。

他每天在工厂各班（组）调查，与干部、工人交谈，了解他们的工作、生活情况，询问他们的实际困难和想法，一同参加班（组）学习。据不完全统计，陈云参加班（组）会累计达数百次。

陈云在木模班调查时，工人们得知省委要安排陈云到南昌郊区农村去调查了解农业生产和农民生活的情况。几个木工见陈云年纪大了，担心他在田间地头、室外谈话或了解情况时，站立时间长了吃不消，便商量送份小礼品给陈云。他们找来材料，一起动手，很快做成一把扎实的帆布小折椅。陈云收到礼品时非常感动，以后每次下乡，他都随身带着这把小折椅，后来这把小折椅还随他一起回到了北京。每每坐在工人们送他的小折椅上，他就想起工人们一张张熟悉的面孔⋯⋯

冬天参加班（组）会时，车间会场气温低，工人们怕陈云受到风寒，还专门把车间能照到太阳的地方腾出来，留给陈云坐，让陈云这位"北京来的客人"格外享受冬天里的那片暖阳⋯⋯

工人们得知陈云快要离厂回北京了，一次车间班（组）学习，每个工人手里拿着两本书：一本《毛泽东选集》，一本《毛主席语录》。学习结束后，工人们陆续向陈云捧来《毛泽东选集》，要"老首长"签名留念。

要离开了，陈云坐在工人们留给他的那片暖阳下，本来就对工人们有说不完的辞行话，见有工人捧来《毛泽东选集》要他在上面签名留念，他先迟疑一下，说："我可是犯错误的干部哟！"

"签字留念没关系。"工人质朴的话语，让陈云感激。他很爽快地提笔给每个工人在书的扉页上都签上了自己的名字，并留下日期。

工人们一个个捧着陈云签好字的《毛泽东选集》，高高兴兴地回到自己的座位上，还不时打开书，看看"陈云"两个飘逸的字和那随和洒脱的人⋯⋯

多好的工人兄弟啊！以后每看到一片太阳光，陈云的心里就不免想起车间里的那片暖阳，心里暖洋洋的。

# 43 | 请不到与不请自到

陈云在江西"蹲点"期间中央要求保密其真实身份，故化名叫陈云方，但干休所的老干部和工作人员都渐渐知道了"陈元方"就是陈云。

一位共和国重要领导人在身边，知情的人心里都很高兴。要过年了，这又是20世纪70年代第一个春节，干休所领导决定年夜饭要吃得丰盛、隆重些。新年代的头一年，要图个吉利，又有陈云在一起过年，加上干休所的农副产品获得大丰收，仅花生就收了1万多斤，大家辛苦一年，要热热闹闹地庆祝一下。

于是大家杀猪网鱼，还特意采购了11瓶酒。听说中央领导都喜欢酒，陈云这桌便多摆了一瓶酒。

傍晚五点半，除夕大会餐一切准备就绪，干休所领导沈玉贵赶紧来到陈云住处请他赴宴。此时，陈云正在书房看书，看得聚精会神。

沈玉贵既怕打扰他，又担心已上席的饭菜因天气寒冷而凉了。

"首长，过年了！请您去会餐，我们准备了您……"

"不去，我不去。你回去招呼大家吃。"陈云说着，挥舞着手里那本厚厚的书说，"天气寒冷，饭菜凉了不好吃。你赶快去吧！"

沈玉贵见陈云态度坚决，也不好勉强，只好悻悻地返回宴会厅。政委尤云孺不甘心，又去请首长。尤政委一再坚持，陈云只好放松"政策"，让秘书、卫士随政委去到宴会厅。

就在宴会厅的年夜饭吃到兴头上的时候，在酒杯一轮轮高举迎新春的时候，陈云副主席精神饱满，笑容可掬，双手抱拳打拱："拜年了！新年来了，祝大家新年好，身体好！"陈云连连转向周围的群众说："大家请我时我没来，对不起，对不起！祝同志们春节愉快，万事如意！"

陈云一出现，大家便纷纷举杯站了起来，向首长拜年，祝贺首长新年好……宴会把除夕的喜庆气氛推向高潮。

陈云已陪几个炊事员同志，在住处草草吃过了年夜饭。这是他早已养成的习惯。他平常不喜欢抛头露面，舞场、宴会能推脱的一般不参加。公务的宴会是没办法的，请吃是一概拒绝的。在江西的两年零六个月的时间里也一样，每逢元旦、春节、国庆等节日会餐，陈云都一一谢绝参加。但他也从没让大家失望过，他总是在会餐快结束时，前来餐厅看望大家，并向大家表示真挚的祝愿。

# 44 | 红色的日子

新中国第一个五年计划是陈云亲手制订的。国家的计划是要让国家过好日子，家庭的计划是要让家庭过好日子，个人也要有计划，那就是让自己过上称心如意的日子。

人们的世界观、价值观的不同，对于什么是幸福的日子，每个人都有自己的感知、判断和追求。陈云是共和国的管家，他崇尚过实实在在的红色日子。

虽然新中国刚成立不久，人民生活一时还有些困难，但日子过得充实。不过，到了第一个五年计划的最后一年时，领导层冒进的苗头开始露出来。这时，负责经济工作的陈云，提出要控制建设速度，适当压缩基本建设规模，保证重点，防止头脑发热的建议，可陈云被错误地划进了被批评对象的圈子里，反"反冒进"的热潮让陈云受到不公正待遇。

冒进后的结果是国家经济遭受严重挫伤，加上苏联外债和连年旱灾，饥饿像瘟疫一样蔓延，国家和人民过起了苦日子，以致在 1959 年之后的那段时期，陈云这位"守在国库门边"的国家经济大管家也同老百姓一样勒紧裤带过日子。

陈云同党中央、毛主席和全国人民心连心，同甘苦共患难。他像毛主席一样不吃肉，并严格要求自己，减轻国家负担，并一再精简身边工作人员。按规定，中央副主席应配备厨师、警卫员、司机和两三名警卫干部。但他撤掉了厨师、警卫员，只留下范金祥一名司机，并自己出钱雇了一名服务员做饭。他身边的工作人员在中央领导人中间是最少的。

1961 年 11 月上旬，一次大的寒流袭击北京城，气温急剧下降，有的机关便提前开始供暖。按国务院规定应该从 11 月 15 日开始供暖。陈云没住在中南海，而是住在一处独自供暖的小院，但他严格遵守制度，指示工作人员不到 15 日不准点火烧暖气。

没过几天，陈云终未顶住寒流，感冒了。周总理一进自己办公室，发现桌上放着值班秘书写的汇报单，上面报告陈云同志感冒发烧的原因主要是天气冷而又不准烧暖气……周总理急了，他知道陈云本来就体质弱，人硬气，便马上赶去看望陈云。

周总理的到访是临时安排的，所以陈云事先并不知道。此时陈云正靠坐床头，披着大衣，围着被子批阅文件。陈云见周总理来了，急忙下床穿上大衣，从卧室走出来。卫士张永池习惯性地跟上前，准备接过周总理脱下来的大衣，但这次周总理没脱大衣，因为陈云家里的温度实在太低了。

陈云陪周总理下楼时带他察看了楼梯旁的厨房。厨房七八平方米，里面两个蜂窝煤炉子。陈云微笑着指指两个炉子说："一个做饭，一个做菜，我爱吃家乡饭，这不很好嘛。"

陈云本还想说服周总理别提让工作人员烧暖气的事，但周总理没听他的，他临走时对身兼数职的范金祥同志说："从今天起，你们一定要烧暖气，这件事你们要听我的。"

周总理这次来还细细考察了陈云的生活：他穿的大衣是两用的，春秋天是夹大衣，到冬天把做好的厚绒衬用几个扣子扣上就是厚大衣……

周总理回到西花厅，对邓颖超说的第一句话就是："我们要向陈云同志学习，他工作那么忙，对事务安排得很细致。"对于陈云身边的工作人员最少，一个当几个用，他又说："陈云同志真会过日子，我们应该向他学习……"

一天，陈云同志想，困难时期要让每个家庭、每个人都行动起来，让大家既全力支援国家早日度过困难，又能自己过好日子，他建议：一是给同志们增加点保健营养品，以确保工作运转；二是清仓，家家户户清仓，有些物品能拍卖的可拍卖，将所得用于急需。

中央机关家家户户清仓，把清理出的地毯、照相机、瓷器、衣物等东西分别送给国家机关事务管理局和外交部。周恩来说："陈云同志这两条建议很好，给干部一些补助，增加点热量，保证健康工作；清仓既能节约国家开支，又能增加收入。"陈云这一招挖掘各家潜能，让中央机关解了燃眉之急，并给全国带了个好头，让大家在此危难关头感受到些许温暖。

"文革"期间，陈云被下放江西，妻子被关，孩子分散各地。他也将日子过得同样充实：在驻地以理论著作为伴，潜心学习马列哲学，其乐无穷；下农村、厂矿、学校深入调查，以群众为伴，了解到实情就是充实，与百姓共苦乐。

1970年春节前夕，江西省军区政委张志勇来到陈云住处看望陈云。

张志勇说："首长，我刚从福州开会回来，春节快到了，受司令员之托代表军区来看望首长，首长有什么事，生活上有什么困难，有什么要我去办的，都可交我去办。"

陈云笑着说："我什么都很好，谢谢你们的关心。"这时，他边说边用食指指着自己的头说："这个还有没有（意指草绿色军帽）？"

张志勇一时不明白首长指的是什么，又问道："首长，您刚才是讲什么？"

陈云说："解放军军帽。"

"有，有呀。我帮您解决。"张志勇说到帮助解决时，自觉"解决"这个词用得太不准确，太重。他心里感动，一个中央主要领导，过春节时只向军区要一顶军帽，这等小事谈得上"解决"吗？

当天下午，张志勇就派人送来了一顶崭新的绿色军帽。

陈云接过军帽，就像小孩过年穿新衣裳那般高兴。他对着镜子，端端正正戴上，左看看右看看……凡老战友来看望他，他都戴上给他们看……生活中又多了一阵开怀的笑声。

一次，红军老战士罗维道上门来看望陈云。交谈之后，陈云又笑着从衣柜里取出军帽戴上，说："罗维道哇，你看我这顶帽好不好呀？在红军时期、抗战时期、解放战争时期，我都戴过军帽。解放战争后我就没有戴这种帽子了。过去，在毛主席的领导下，我们戴着这个帽子，武装夺取政权成功了。现在，戴上这种帽子，心里觉得很舒服。我要把这顶帽子戴到北京去！"

陈云同红军老战友越说越兴奋……他又将绿色军帽戴到罗维道头上，罗维道也高兴得还有点舍不得取下来了。陈云也似乎真担心这顶军帽会被战友要了过去，又赶紧伸手从战友头上取下军帽，戴在自己头上……他们笑着谈起各个时期戴过的不同形状的军帽，那火红的日子、激情的岁月又扑面而来……

后来，这顶军帽陪着陈云一起回到了北京。自从分管国家经济工作之后，他离部队生活远了。他怀念红军那种艰苦却温馨的生活，步调一致，官兵一致，不顾小家，只顾大家，一心扑在理想的事业上的日子……那种日子虽说艰苦却甜美。

陈云在北京住宅里，一有空闲、一有闹心事，他就从衣柜取出那顶草绿色军帽，站在镜前，回想起红军的八角帽、抗战的蓝灰帽、解放军的橘黄帽……部队的日子多么生机勃勃、阳光灿烂！

# 45│一枚针与两三片茶叶

陈云革命初期从事特科工作，解放后从事经济工作。特科工作所需的洞察能力，经济工作追求的细致和准确，锻造了他对待工作的那颗绣花一般的心。

1959年春夏之交，为解决我国钢铁生产问题，陈云受党中央和毛主席的委托，进行调查研究。一次，陈云给毛主席和党中央写了一份报告，交给秘书杨乃智发出。杨乃智见报告的页数多，怕有所遗失，便用大头针别起来，装入信封。在他正准备将报告发出时，陈云又把报告要了回去，说要修改几句话。当陈云抽出信封里的报告，发现几页报告是用大头针别着时，他立即把大头针取了下来，换上回形针别上，然后在报告上加了几句话，装入信封中，又让秘书用密封条封好发出。

陈云郑重地对杨乃智说："以后向外送报告、文件或材料时，不能用大头针别着，因为大头针容易把人的手扎伤。"

陈云把大头针取下，将几页纸的报告理得整整齐齐的，再用回形针别上，又用手指在回形针上按一按……这一系列的动作让秘书肃然起敬。"因为大头针容易把人的手扎伤"一句话更让杨乃智佩服得五体投地，自己怎么就想不到这一点，不能这样细微地去体贴对方呢？

陈副总理是管国家大事的，却连一枚别针这样的小事他都也不放过，且关注得如此细致入微，一个动作、一句话对秘书工作人员，甚至对每一个人，都是生动的教诲。

1960年秋天的一个晚上，周恩来总理来陈云处谈工作按接待常规，工作人员应马上泡一杯热茶给客人送上。但困难时期，中央刚发了一个文件，文件上明确指出：接待客人不送茶、不敬烟；参加各种会议的人员自带茶和烟。

周总理来了，倒杯开水放不放茶叶呢？工作人员为难了。不说周总理是上级，工作人员都知道，周总理与陈云可是从上海武装起义和特科工作时就生死与共的老战友，来到办公室谈工作不泡茶叶，只端一杯清水？警卫员和秘书心里都过意不去。

他们也都知道刚出台了文件规定，又不好为这么几片茶叶的小事请示陈云，只好面对着茶杯发一阵发呆……两人悄悄商量了好大一会，最后还是决定放茶叶，但不能多放，只放两三片。这样既不浪费又不失敬意，又是一个折中的办法。

他们将泡好的茶向周总理送了过去。周总理一看，泡的是茶水，脸一沉，严肃地问："你们知不知道中央刚发了文件？接待客人不是不准送茶吗？"

周总理这一问，不重也不轻。他们脸红耳赤，进退两难，呆立一旁，不知是把茶水收回去呢，还是放着好？见在场的陈云也尴尬，他们就更紧张了。

总理与陈云谈完工作后就离开了。茶水一动没动地放在茶几上。

陈云马上将工作人员叫到办公室，指着茶几上那杯茶水，厉声责问："党中央、国务院的文件你们学过没有？"

工作人员都紧张而又愧疚地回答："学过了。"

陈云加重语气再问："既然学过了，为什么不按文件规定执行呢？"

工作人员一时都哑口无言。

杨乃智只好把当时自己的所想说出来：来的客人是周总理，又是晚上了，不说是领导，就说一对老战友相聚，只放几片茶叶，既不浪费，也不失敬意。然后，他又主动承认了自己的错误。

陈云渐渐平息了火气，语重心长地对工作人员说，规定是对领导和群众一视同仁的，不能有任何特殊化，决不能在执行中打任何折扣，有令则止，没有中间路可走。规定出台后同法律一样无情。来访的谁不是革命同志？大家都徇情，有规而不定，这文件规定的作用在哪里？令行不止不乱套吗？

陈云听到杨乃智承认了错误后又说："别说几片茶叶，哪怕放一片茶叶也违背了文件规定，决不允许。这次给总理泡茶的错误行为，一定要永远牢记！"

从陈云办公室出来后，全体工作人员针对给总理泡茶的事专门开会，大家再次深刻检讨，并从此立下了每周一次集体学习的制度，学习和讨论党中央、国务院有关文件以及可以学习的中央领导同志的重要讲话，自觉提高自身的思想觉悟和政治素质。

一枚针和两三片茶叶，便成了陈云身边工作人员永难忘怀的故事。

## 46 | 散步一绝

陈云肠胃不太好,身体素质较弱,因此他更加注重锻炼身体。户外散步是他首选的锻炼项目,在工作条件、身体条件和气候环境允许的情况下,他总是尽可能地争取散散步。总之散步成为他工作生活之余难得的喘息机会。尤其是有问题难以处理时,往往散步一回来,他便眉开眼笑,想到解决的办法。

户外空气新鲜,宁静幽雅,令人头脑清醒。散步时,他会主动同陪护人员交流时事动向、生活动态、政策反应,大家都可以无所顾忌地同他交流。这时,他只问、只听,一般不作回答。有时路遇陌生人,他会很友好地拦住人家,主动向人家打听……他总结一句:散步途中打听到的情况较为真实可靠。

国家经济困难时,不少人得了浮肿病。陈云对此非常痛心,也非常重视。他多次召集有关营养专家座谈,探讨解决办法。但营养专家多高谈理论，与实际的生活情况对接较少。

会后，他同秘书杨乃智去散步。

"小杨，还有什么农作物比黄豆更有营养？"陈云提出话题。

杨乃智摇了摇头，说："好像再也没有了吧。"

"100 克黄豆中大概有蛋白质 36.3 克，脂肪 18.4 克，碳水化合物 25.3 克，含热量 1725 千卡，钙、磷、铁元素也较丰富。"陈云自言自语道，专家提供的一串数字他竟然都记住了。

"黄豆确实有营养。"杨乃智接了话茬，"抗日战争后期和解放战争时期，我在山西阳城县晋冀豫边区太岳行署工作，当时机关干部和部队的主食是小米干饭，主菜是盐水煮黄豆，一日三餐，天天如此。虽然食品单调，生活艰苦，但那时从未发生过浮肿现象。机关干部都身体健壮，精神饱满，工作也安心。"

"真是？你既然是亲身经历，对黄豆就最有发言权了！你等下在会上介绍一下。"陈云高兴地说，就像突然发现了一样大宝贝似的，随后又转身轻轻地拍了拍杨乃智的肩膀。

因为那次散步，陈云从杨乃智的交谈中获得了黄豆能解决浮肿病的实际印证信息。他大胆提出：国家调拨黄豆，解决全国干部浮肿病问题；农村大量种植黄豆，并向农民调拨黄豆解决燃眉之急。

我国东北是盛产黄豆的地方，国家马上从东北调拨黄豆到各省（区、市）。国务院下发文件，决定给全国干部每人每月增加 3 斤黄豆的供应，增加人体必需的营养，维护健康，渡过难关。

陈云提出用黄豆解决浮肿问题，文件落实后没有多长时间，患浮肿病的人就大大减少了。

陈云散步并不在乎环境，有空散得远，无空散得近。他总在办公室、庭院、小巷绕圈圈，拍拍头，伸伸臂，扭扭腰，从鸟叫蝉鸣中获取灵感，从陪同人员身上获得信息，从目睹的细节上发现变化，在新鲜的空气中自由呼吸……

散步，对陈云来说，是享受锻炼、学习、生活和工作的"一绝"。

# 47 | 地震危房住四年

1949 年 5 月，陈云进北京就一直住在北长街的一个独院里。这是一栋两层小楼，全家人和办公室工作人员都住在这栋小楼里，陈云就在二楼办公。

刚住进来的第一个夏天，房顶漏雨，机关行政部门就把房顶的瓦全部换了，所以这栋楼从外面看还不算太旧。可是，若你到楼里各处一看，你会发现由于年久失修，房间内很是陈旧。

1976 年夏，由于唐山大地震的影响，这栋房子被震出一条长两米多、宽两三厘米的裂缝。工作人员当即把情况向机关行政部门的领导同志作了报告。机关行政部门一方面很快安排陈云一家转移到另外一处较安全的房屋暂时住下，另一方面请来了北京市房建部门的技术人员对这栋楼房进行了全面检查。经过认真检查后发现，房顶木支架由于年久失修，经常漏雨，已渐渐腐朽，而且地震后发生了错位和松动；楼房离故宫的护城河太近，地下潮湿，砖砌的房基被侵蚀得很厉害，坚固程度大受影响；楼房的墙壁里外两面虽然都是用整砖砌的，中间却是用碎砖瓦片和泥土填的。因此，房建部门认为如果再发生较强地震，楼房有可能倒塌。

机关行政部门研究后，给陈云另找了一处住房，希望陈云同志能尽快搬过去住。陈云的工作人员也先去看了新找的房子，并做了一些可能搬过去住的准备工作。

对于这栋已成危房的老房子，大家一致认为，修修补补难以维持，要从根本上解决问题，只好拆掉重建，等新楼建成后再请陈云同志搬回来住。

工作人员将上述建房技术人员的意见以及新找的房子的情况向陈云作了汇报。陈云听了汇报之后，认真地说："我一进北京就住在这里，到现在已有20多年了，俗话说'金窝，银窝，不如穷窝'，我还舍不得离开这里呢！这栋楼房虽然老了旧了，我看总比北京一般市民住的房子要好得多吧！像这样的房子要拆掉，周围老百姓看了要说话的，影响不好，做事不能脱离群众，我不搬。"

第一次动员没有成功，过了几天，工作人员又去动员："我们还是马上搬家吧。这是房建技术部门的意见，也是机关事务局的意见。您不搬，如果再发生较强余震，首长的安全出了问题，我们可负不了这个责任。"

工作人员反复做陈云工作，又做陈云家人的工作，希望他家人也能劝说陈云。可陈云还是这样回答："这个责任不要你们负，是我决定不搬的，由我来负。"

工作人员又说："您是国家领导人，总不能什么都和老百姓一样吧！这又不是搞特殊化，这是为了保证安全。"

"拆了老楼盖新楼，群众影响不好，我们不能做，我不搬。"陈云还同工作人员做工作，同家人做工作。他告诉大家：共产党人历来吃苦在前，享受在后。周围群众的旧房屋没有重建，你建新房，群众怎么看？就是群众不说话，甚至没意见，自己住在新房子里生活方便，看到群众还住在老房子里，心里舒服吗？心里过意得去吗？

于是，机关行政部门只好对这栋危房进行了必要的加固。此后，陈云又在这栋房子里住了4年。算算时间，陈云一家和他身边的工作人员在这栋旧楼里整整工作和生活了30年。直到1980年，经有关部门反复劝说，陈云才勉强同意搬了家。

# 48│"大算盘"

"噼里啪啦……"见小陈云灵巧地拨弄珠子，先生还以为陈云早会打算盘了。原来他是在算盘上"弹琴"，他想要练出评弹师傅那样灵巧的指功，也弹出那一首首风起云涌、万马奔腾的曲子……

这是陈云小时候在青浦县立乙种商业学校珠算启蒙时，给老师留下的印象。没想到，这位上了一个多月珠算课的高小生，加上在上海商务印书馆的实习，便能打出"风起云涌，万马奔腾"的算盘。陈云爱算盘，从高小生肩上背的小算盘，到中财委主任、国务院副总理办公桌上的大算盘，他总是打得快捷、准确。算盘为他每天核算各种经济数字带来了极大的便利。连到晚年，他一见算盘就来劲，想过把瘾……

1978年秋，陈云在杭州休养。一天上午，他到玉泉公园散步，看到公园茶座的女会计正在打算盘，他就走过去，很和蔼地对女会计说："你的算盘借我打一下行吗？"

女会计自己的账算好了，抬头见是一位学者模样的年长者，她连忙站起身说："好的，你打吧。"

女会计让陈云坐下来，只见陈云指头生风，非常利索地打起来……

"您的算盘打得真好！"女会计用杭州话称赞陈云。

陈云用上海话回答女会计："谢谢你！"

陈云打算盘这个镜头，被当天跟随陈云到公园散步的工作人员拍了下来。女会计自然不晓得，她称赞的算盘手竟然是国务院分管经济工作的副总理。

1981年8月，这张打算盘的照片刊登在浙江的一个刊物上，同时还配发了赵朴初先生写的一首诗：

唯实是求，珠落还起。

加减乘除，反复对比。

运筹帷幄，决胜千里。

老谋深算，国之所倚。

从计划经济到市场经济，陈云大部分工作时间都扑在"经济"上。在长期的中国革命和建设实践中，他对经济工作烂熟于心，对精神文明建设也是"老谋深算，国之所倚"。

20 世纪 80 年代的世界，一方面国际形势进一步趋向缓和，和平与发展成为时代主题；另一方面，在苏联和一些社会主义国家的改革受阻，经济陷入危机，民主社会主义思潮泛滥，社会出现动荡的时候，以美国为首的西方资本主义国家利用战后经济稳定发展和社会主义国家普遍改革之机，发起"和平演变"攻势，妄图把社会主义国家都拉上资本主义道路。

处在这样国际大气候的中国，改革开放和社会主义经济建设均取得举世瞩目的成就。但是与此同时，由于党的个别领导人指导思想上的错误，社会主义精神文明建设出现滑坡现象，资产阶级自由化思潮泛滥成灾，党内不正之风、消极腐败现象滋长蔓延。

对此，陈云作为伟大的革命家、政治家，他高瞻远瞩，心里的"算盘"越打越稳，越打越精。

1985 年 6 月，陈云指出："在社会主义物质文明建设的时候，如果不同时进行社会主义精神文明建设，物质文明建设就可能偏离正确的方向。任何单位，任何领导干部，如果忘记或放松抓社会主义精神文明建设，物质文明建设也不可能搞好。严重的，甚至会脱离社会主义和共产主义的理想，这是很危险的。"

这是陈云面对中央个别领导人和基层一些领导干部忽视精神文明建设，"一手硬，一手软"的严重问题时，发出的疾呼。他希望运用马克思主义的立场、观点、方法去深刻分析、充分认识社会主义两个文明建设的本质和规律。陈云关于社会主义两个文明建设一起抓的理论，党性原则强、层次高、影响大。

阐述重大意义：他认为建设有中国特色社会主义，必须在建设高度的物质文明同时，建设高度的社会主义精神文明。只有两个文明建设都超过资本主义，才是有中国特色的社会主义。

陈云指出："社会主义建设，包括物质文明建设和精神文明建设，两者是不能分离的。社会主义事业不可能是单纯的物质文明建设，又不可能是单纯的精神文明建设。社会主义事业也不可能先进行物质文明建设，然后再来进行精神文明建设。现在大家致力于物质文明建设，是完全必要的。但是应当看到，现在确有忽视精神文明的现象，而且相当普遍。"他作为开国元勋，这既是对党的个别领导人的批评，也是对全党的告诫。

陈云指出："要使全党同志明白，我们干的是社会主义事业，最终目的是实现共产主义。这一点，非常重要。在党中央领导下，我们国家现在进行的经济建设，是社会主义的经济建设，经济体制改革也是社会主义的经济体制改革。任何一个共产党员，每时每刻都必须牢记，我们是搞社会主义的四个现代化，不是搞别的现代化；我们进行的事业，是社会主义事业。"

"在党内，忽视精神文明建设，忽视思想政治工作，就不可能有好的党风；在社会上，忽视精神文明建设，忽视共产主义思想教育，就不可能有好的社会风气。总之，忽视社会主义精神文明建设，我们的整个事业就可能偏离马克思主义，偏离社会主义道路。"

提出关键措施：陈云提出加强法制建设。"对严重的经济犯罪分子，我主张要严办几个，判刑几个，以至杀几个罪大恶极的，雷厉风行，抓住不放，并且登报，否则党风无法整顿。杀一儆百。"他还提出了提高教育水平，强化制度建设。

建树理论独创：我党在马克思主义党的学说史上，第一个提出"党风"概念的是毛泽东；而第一个把党风同执政党的前途命运联系起来，作出"执政党的党员问题是有关党的生死存亡的问题"这一科学论断的人，正是陈云。陈云关于党风的这一论点，是对马克思主义建党学说和毛泽东建党思想的发展，也是对我们党关于社会主义精神文明建设理论的创造性贡献。

陈云两个文明的"大算盘"，从宏观上掌握全局，从微观上把握精确，从"实事"中求"是"。

# 49 | 每逢佳节倍思亲

新年到来，北京大街小巷张灯结彩，大大小小的庭院门前满是礼花、春联，把 1983 年的大年初一装扮得格外圣洁、祥和。人们身着新衣，脸上洋溢着喜悦，喜气满京城，首都沉浸在浓郁的新春佳节气氛中。

上午 9 点，一辆乳白色的中型轿车驶进了中南海，车上坐着 9 位客人，他们是应陈云的邀请一起到陈云家里来欢度春节的。

这 9 位客人是：瞿秋白烈士的女儿瞿独伊，蔡和森烈士的女儿蔡妮、儿子蔡博，罗亦农烈士的儿子罗西北，赵世炎烈士的儿子赵施格，张太雷烈士的女儿张西蕾，郭亮烈士的儿子郭志成，刘伯坚烈士的女儿秦燕士、儿子刘虎生。这些烈士的子女有的是编辑、讲师、副教授、高级工程师，有的是副总经理、副所长。年龄最大的 62 岁，最小的也已 54 岁。

过了年，陈云已是近 80 岁高龄的老人了。

在延安时，陈云刚结婚成家不久，他们都还是一群孩子。星期六放学后，他们都往陈云家里跑……陈云老远就听见了孩子们欢快的跑步声。

"陈伯伯——"

"陈伯伯——我放学了——"

"陈伯伯周六好——"

…………

家里的客厅非常简朴，客厅中间放着几张米黄色的沙发和几张小茶几，别无其他摆设。陈云听到来人的声音便起身，脑海中浮现延安时期每逢星期六迎接他们的情景：他早早蹲下身，伸出双手，准备迎接一个个可爱的孩子向他怀里扑来……这些孩子早没了父母，他们的父母都为了党的事业、为了中国革命献出了年轻的生命，自己这位党的组织部长就是他们的父亲……陈云每当想到这些就饱含热泪，把孩子们抱在胸口上，亲吻他们的脸蛋，弥补他们应该得到的父爱……

"伯伯春节好！"

"祝陈伯伯身体健康！"

"谢谢伯伯的关怀，我们心里很感激。"

…………

大家进门一声声问候，见陈云站了起来，他们一个个赶紧过来搀扶陈云坐下……延安时期大家在陈云家的聚会情景就又马上浮现在各人的脑海里……

岁月在风雨中打磨，几十年过去了，国家、小家、个人都在发展。陈云擦了一把喜悦的泪花，亲切地招呼大家坐下。

"中国有句老话：'每逢佳节倍思亲'。你们的父亲就是我们党的亲人，是我们民族的亲人，今天把你们请来，共度春节。"

在欢乐喜庆的泪光里，大家都充满着激情，骄傲地回忆着自己父母亲的故事。在座的9位革命烈士子女的父亲都是我们党建党初期的党员，他们有的是被敌人逮捕杀害的，有的是在同敌人作战时英勇牺牲的。烈士牺牲的时候都很年轻。陈云深情地对大家说："我们的新中国，是千千万万个革命先烈用生命换来的。今天的每一个胜利，都有他们一份功劳。我们这些活着的人，没有忘记他们，也不会忘记他们。我相信，我们的后人以及后人的后人，也是不会忘记他们的。"

瞿秋白烈士的女儿独伊紧挨着陈云坐下。陈云望着她那清瘦的脸颊，说："你62岁了吧？"

"是的，伯伯还记得那么清楚。"

"你母亲是哪一年去世的？"

"1973年10月。她是受'四人帮'迫害死去的。"

"我知道。那时候我也没办法。"

"是的，伯伯那时候的处境也十分困难。"

瞿独伊也清楚，在解放前白色恐怖的日子里，陈云为了掩护她的父母瞿秋白和杨之华，曾冒着生命危险把他们送到上海鲁迅住所，又从鲁迅住所转移。他为了保护革命同志付出过多少心血呀！在延安时，他将自己的家当作烈士子女的家，今天他又以父辈的慈爱情怀疼爱着烈士子女，邀集大家一起来欢度春节。

陈云看到坐在另一旁的刘伯坚烈士的儿子刘虎生，说："你父亲是留在江西中央苏区后被敌人杀害的，他也是受王明'左'倾机会主义路线迫害的。"

人们永远不会忘记刘伯坚烈士当年英勇就义的壮烈场面。1935 年 3 月，刘伯坚烈士牺牲的前几天，带着镣铐在狱中写下了气壮山河的英雄诗篇《带镣行》：

> 带镣长街行，蹒跚复蹒跚，
> 市人争瞩目，我心无愧怍。

> 带镣长街行，镣声何铿锵，
> 市人皆惊讶，我心自安详。

> 带镣长街行，志气愈轩昂，
> 拼作阶下囚，工农齐解放。

刘伯坚烈士临赴刑场前在狱中给妻子写下最后的遗言："你不要伤

心，望你无论如何要为中国革命努力，不要脱离革命战线，并要用尽一切的力量教养虎、豹、熊三幼儿成人，继续我的光荣的革命事业。"

今天，刘伯坚烈士的儿子刘虎生激动地对陈云说："父亲牺牲后，党把我送到延安，我是在伯伯跟前长大的。记得伯伯常常给我讲革命的故事，教育我要好好学习，继承父志。"

陈云点了点头。刘虎生又说："我在哈尔滨上学的时候，伯伯曾经送给我一块怀表。您告诉我，这只表曾跟随您经历过长征，要我好好学习。这块表我一直很好地保存着。"

陈云一一询问了在座的每个烈士子女的情况。

郭亮烈士的儿子郭志成告诉陈云，郭亮烈士当年任湘鄂赣边特委书记的时候，由于叛徒出卖，1928年3月被捕入狱，不久被杀害。他的头被挂在八角亭上。鲁迅在《铲共大观》一文中愤怒地写道："革命被头挂退的事是很少有的。"

郭志成说："当敌人杀害我父亲后，叫嚣着要斩草除根，要把我母亲和我统统杀掉。当地人民把我偷偷藏在缸里，到处转移，我终于被救出来了。是人民救护了我，哺育我成长的。"

赵世炎烈士的儿子赵施格告诉陈云同志，他父亲于1927年在上海被国民党反动派逮捕后英勇就义，年仅26岁。赵施格说："父亲没有见到过我。他牺牲后几个月我才出生。我是在革命队伍中长大的。"陈云对他说："我很熟悉赵世炎烈士。他在工人中是很有威信的。"

陈云勉励大家说："你们是革命的后代，是党的儿女。你们应当像自己的父辈那样，处处从党的利益出发，为了维护党的利益，不惜牺牲自己的一切。我看到你们健康成长，非常高兴。现在，我们党和国家的形势很好，你们要和周围的同志一道，爱护这个好形势，发展这个好形势，为把我们国家建设得更富强继续贡献自己的力量。"

在座的9位革命烈士子弟告诉陈云，他们没有辜负父辈的期望，都继承父志为革命事业继续奋斗着。尽管道络坎坷不平，在革命战争年代，他们遭受过国民党反动派的残酷迫害；在"文革"期间，他们又遭受"四人帮"的迫害。然而，他们怀着对革命事业的坚定信念，顽强地与恶势力搏斗，终于战胜了敌人，赢得了胜利。

罗亦农烈士的儿子罗西北告诉陈云，"文革"期间，他被打成"特务"，关在单间牢房里，残酷的迫害使他精神失常。粉碎"四人帮"后，他恢复了健康，顽强地继续父辈们未竟的事业。现在他已经56岁了，是一位水电专家，在水电部水利水电建设总公司担任副总经理。他满怀着为党、为人民工作的热忱，奋斗在水利电力战线上。为了发展祖国的水电建设，他向陈云同志提出了两条建议：一是把水利水电建设和能源挂起钩来，二是在能源紧张的东北大力发展水电建设。

陈云听了连连点头，说："好，好。"

蔡和森烈士的女儿蔡妮在北京外国语学院任教，她今年60岁，已经桃李满天下。蔡和森烈士的儿子蔡博，现在是冶金部钢铁研究总院炼铁室主任。他们姊弟俩向陈云讲述了他们目前的工作情况。陈云高兴地说："你们已经是专家了。"

张太雷烈士的女儿张西蕾告诉陈云，她今年已经 61 岁了。父亲为革命牺牲的事迹始终鼓舞她排除万难，继续前进。现在，她是化工部科技局的顾问。

陈云看到革命烈士子弟健康成长，欣慰地笑着。

大家叙谈了两个小时，直到中午 11 点，摆在茶几上的水果和糖果谁也没想到吃，陈云指着说："今天是大年初一，我招待你们每个人两个橘子、一个苹果、二两糖果，大家都把它瓜分了吧。"

陈云将茶点摆到每个人面前，大家便开心地吃起来。这样的情形又让大家想起小时候在延安的家里，陈云每周六工作再忙都要陪他们吃饭。单位分配给陈云补给身体的营养品，他也这样细细平均分开给大家吃。等大家吃完东西后，他便问起每个人在学校的情况，还不时给大家讲故事。

每逢佳节倍思亲。几十年后，虽然大家都老了，但革命情感如同往昔，永远年轻。

## 50 | 一个关于评弹的"神话"

上海青浦县练塘镇上，离陈云舅父家 30 米处有两家唱评弹的书场。因为舅父爱听书，小陈云也被带着听上了瘾。为每天能听书，又不花舅父的钱，懂事的小陈云总是站在墙角处，看着人家喝茶水、吃零食。他可以忍着不吃，一站就是两个小时，专心听完一场。每天一开场即到，天天如此。

不经意间，评弹培养了陈云的站功和耐力，让他早早开阔了视野，看破了社会人情世故，也修炼了艺术学养，尤其是陶冶了情操。于是，一个跟随舅父长大的穷孩子，虽生活穷困、身体瘦弱，可头脑早熟、聪慧能干，学什么会什么，做什么像什么，钻什么精什么。

在评弹师傅那里学会的指功让陈云迷恋上珠算，又让他爱上了二胡等多种依靠指功的乐器，他把二胡可"拉"得不需要二胡也能自得其乐。

在评弹师傅那学到的说书能力和技巧促使陈云成了讲坛"名师"。听说他上党课,人人都爱听,都想听。他的报告言简意赅、深入浅出,从理论到实践,讲得透,讲得清,讲得贴切。比如,"为共产主义事业奋斗到底"一课,本是基础性知识,容易干巴乏味,但他说:"今天只给大家讲两个字'到底'。共产党员要为共产主义事业奋斗到底,最困难的也是'底'。'底'在哪里?'底'就是奋斗到生命的最后一息。"他讲课的语言更是生动活泼。如,他在讲"如何正确处理和改造'资本家'"时说,应该把他们当财富不当"包袱",让他们为社会主义所用。他说,资本家中 80%～90% 的人中有技术、有能力。比如在四川乡下四处收购生猪的私商,他们用手量一量猪身长度,然后托着肚子掂一掂,在猪屁股上捏一捏、摸一摸。猪屁股可以摸,不是老虎屁股摸不得(台上台下都笑了)。这一量一摸,就知道了这头猪有多重,宰了一称,相差多不过 1 斤,少不过 4 两,可见真有本事。

从评弹书中学到的文学技巧,让只有小学文化的陈云轻而易举地写出了不朽的文学作品。介绍红军长征的第一部文学作品就是由陈云写作,并在多个国家以多种版本、多种文字出版。

评弹书的故事内容、人物形象更促使陈云走上革命道路,《大明英雄传》《三国演义》等中的英雄人物形象早就从陈云 10 岁开始占据了他的头脑。《珍珠塔》《杨乃武》《落金扇》《双金锭》《描金凤》《孟丽君》《西厢记》等传统书目他如数家珍。现代题材的《青春之歌》《模范保育员》等他也爱听爱评。尤其是《真情假意》,他听了 20 遍还想听。这些充满正能量的评书，早早成就了陈云的人生观，加上后来对马列主义理论的学习，使他的人生观、世界观、价值观日益提升，也使他的综合素养不断加强。

陈云爱听评弹，他常对儿女们说，那悠扬的吴侬软语与他作为父亲的形象也是密不可分的。30多年来，他几乎听遍了评弹界所有主要艺人和主要书目的录音，广泛接触了评弹界的干部、艺人和编剧。这也促使全国评弹曲艺不断推陈出新。

陈云对评弹曲艺的发展提出了许多真知灼见："曲艺是一种群众性的文化娱乐。人们在劳动之后，喜欢听一些轻松愉快的东西，这不是作报告受政治教育所能代替的，更何况作报告也要讲几句笑话。"

就连对评弹中的一个小技巧——噱头，陈云也不惜牺牲休息时间，写出了《目前关于噱头、轻松节目、传统书回处理的意见》，提出："要有噱头，但要防止错误地滥放。"

陈云说："衡量书目的好坏要从能否教育人民，对大多数人是否有好处来考虑。"他还说，对于坏的东西"群众欢迎，也不能要，这一点绝对不能让步"。

"文革"之后，陈云又写了《对当前评弹工作的几点意见》，指出：评弹工作者要团结起来，为社会主义作贡献；要繁荣创作，多说新书，不断改革、发展，不能丢了自己的特色；更要多到农村演出，锻炼书艺。他还指出：现在评弹中的戏剧化动作过多；乐器用钢丝弦会缩短演员的艺术生命；适当的噱头是要的，好的语言不要丢掉。

陈云还特别支持新书创作。评弹界流传着他说过的一句名言：对老书，有七分好才鼓掌；对新书，有三分好就鼓掌。同时，他提出：在创作时一定要在"思想上，精华突出，主题明确；结构上，能长能短，前后连贯；艺术上，既要严肃，又要活泼"。这样才能创作出优秀的作品。

1981年4月5日，陈云在与上海评弹团团长吴宗锡谈到评弹团体制改革的时候，言简意赅地提出"出人，出书，走正路"。

1984年春节，陈云在接见曲艺界著名人士时再一次对"三出"作出诠释："出人，就是要热心积极培养年轻优秀的创作人员和演员，使他们尽快跟上甚至超过老的。出书，就是要一手整理传统的书目，一手编写反映新时代、新社会、新事物的书目，特别是要多写多编新书。走正路，就是要在书目和表演上，既讲娱乐性，又讲思想性，不搞低级趣味和歪门邪道。"

作为一位党的高层领导，陈云不仅全身心扑在领导国家经济工作岗位上，同时又在工作之余对一种曲艺如此倾心研究和论述指导，真是空前罕见。

他听了《李双双》《老子、儿子、折子》《一往情深》等中篇评弹，便亲自找到作者、演员座谈。上海评弹界每出一部新书，几乎都留有与陈云相关的故事。

弹词名曲《蝶恋花·答李淑一》是根据毛泽东的词作谱曲演唱的，由24岁的上海评弹演员赵开生借鉴各评弹流派的特色，融会诸名家的指点创作而成。幽婉的曲调与浪漫的诗词相得益彰，堪称弹词曲调填词的代表作。演唱者赵开生多次在中南海受到陈云的接见，他们坐下一谈起评弹就是一两小时。陈云还多次给赵开生题赠名言条幅。

陈云对老一辈评弹艺人更是尊敬有加。徐文萍 15 岁学评弹，不幸两个月后就因先天性脊髓血管瘤发病辍学。但她没有放弃，在家自学，坚持到 18 岁恢复健康后加入上海长征评弹团，赴全国各地巡演，广受好评。但命运多舛，有一次演出回来，她旧病复发，导致下肢瘫痪。从此，陈云每次同评弹人在一起都要关心徐文萍。有一次，陈云还把自己一盘录有徐文萍弹唱的《霍定金私吊》和《秋思》的录音带送给上海人民广播电台，以填补电台库存节目的空白。徐文萍知道后，百感交集。于是，被书场听众和评弹界淡忘了 20 年的徐文萍，身残志坚，重新奋起，在病榻上拿起了琵琶，继续弹唱，并有心在已有的基础上提高技艺。尽管由于身体原因，她每次的弹唱时间不能超过 20 分钟，但她仍然坚韧地克服病痛折磨和各种巨大的苦难，耗费数倍于常人的时间和精力，历时数年时间，创作出一支《宫怨》。这首她用祁调创作的新曲，听过的人都觉得她对祁调有较大突破，又不失祁调的韵味，风格纯正清丽，深受评弹界好评。她将几支开篇录音交由曲协转送了陈云。一个月后，徐文萍收到了陈云送她的亲笔条幅："实践是检验真理的唯一标准，书赠徐文萍，陈云，八十六。"

因为陈云的关怀，上海长征评弹团的一位残疾评弹家也发起了评弹艺术追求的新长征。这不仅仅是给一位残疾评弹家的鼓励和荣誉，而是对整个评弹界的鼓励和激励！

近 40 年中，陈云听的评弹书目之多，接触的评弹艺人之多，在全国恐怕都是独一无二的。据记载，1960 年至 1961 年的一年间，陈云于公余与休养期间听了 1700 多回书，还对每回书的时间、内容、特点与不足做下了不少笔记。

1984 年 1 月，上海市文化局在陈云的故乡青浦县召开了为期 5 天的评弹工作会议。中国曲协和文化部的负责人和专家出席了会议，各有关部门及曲艺界、评弹界的同志共 580 人参加会议。这是全国评弹工作一次空前盛会。练塘镇上那相邻的两家书场，仿佛又见少年陈云站在那墙角上……

陈云作为中央主管经济的领导，一直自称对评弹只是一种业余爱好。但是，他利用公余和休息时间，听遍几乎所有的评弹曲目，并提出了许多真知灼见，促使节目精益求精。他熟悉江、浙、沪地区几乎所有的艺人，能对他们的特长如数家珍，对老年艺人关怀备至，对年轻人爱护帮助。这些，哪怕专业的领导和专家都难以与他相比。

陈云从 1957 年开始重听评弹，到生命的最后一刻还让秘书致电上海人民广播电台询问李闯王的书目。这 30 多年中，无论他出差，还是养病住院，700 多盘评弹磁带、4 台轮流使用的老式放音机一直陪伴他到生命的最后一段路程。

评弹造化了陈云，陈云造就了评弹。

要说评弹曲艺出口就是"神话"的话，那陈云这位评弹业余爱好者对评弹的爱好和对评弹的支持，就不能不说是出神入化了！

# 51 | 生日礼物

陈云 80 岁生日的时候，博物馆的同志突然来到陈云家里，他的
到来和一件棉坎肩有关。

那件棉坎肩上面布满了 32 个补丁，里面的棉花都硬化成一团一
团的了。这件已经陪伴陈云度过 38 个秋冬的棉坎肩，怎么能再为一
位 80 岁的老人抵御北方的风寒呢？

那是 1946 年东北长白山隆冬的一天，天气奇寒。正值东北解放
战争期间，南满一度形势严峻，眼看临江失守，一部分同志建议队伍
马上撤往北满。陈云接到辽东军区司令员萧劲光从七道江打来的紧急
电话，便拿起一件旧军大衣出门，连夜赶到七道江。

到七道江时已是凌晨。陈云顾不上一路辛劳，与萧劲光就下一
步的作战思想交换意见，思考怎么顶住当前困难，在南满坚持下去。
陈云找了部分师以上干部谈话，了解他们的想法和前面会议的一些

情况。

第二天，陈云这位中共南满分局书记、辽东军区政委主持召开"七道江会议"。会上，他听了大家的发言后，作出了最后决定："我们不走了，都留在南满，一个人也不走！留下来打，要在长白山插红旗，摇旗呐喊！……你们是让我来拍板的，那我拍板就是要坚持南满！一个人都不能走。坚持就是胜利！"

陈云拍板后，紧接着与大家商讨具体的作战方针和为保卫临江所要采取的一系列步骤和措施，并继续与部分原来建议要撤往北满的同志交流，进一步沟通，统一认识。这几天，陈云几乎没上床睡觉，只坐着合合眼，醒来又紧张地工作。

陈云白天辛苦一天，夜里又研究敌情、拟写电文，冻得时不时地哈哈手，用大衣裹紧身体。陈云本来就身体虚弱，大家看在眼里，急在心里为政委的身体能否撑得下去而担忧。大敌当前，政委可别累倒啊！

担任辽东军区参谋长兼后勤部长的唐凯，悄悄请人为陈云缝制了一件棉坎肩。这件棉坎肩不久被送到陈云手里，他拿着棉坎肩久久没有说话，战友深情令他感动。陈云只好穿上它，用它抵御长白山隆冬的寒冷。后来他一直珍视着这件棉坎肩，常年带在身边，大江南北，时时相随。

棉坎肩陪伴这位 80 岁的老人 38 年了，他和它都老了。岁月不饶人和物，但 32 个补丁里缝进的是陈云为革命风雨奔波近半生的春秋，它包裹着的是一片共产党人的赤胆忠心。

陈云的棉坎肩有 32 个补丁，这件事经工作人员传出后，中国革命博物馆的同志就专程来登门拜访，希望能够收藏它。

这件棉坎肩要离开陈云，陈云心里恋恋不舍。但征集文物的同志说："这可是您献给党和后人们的一份珍贵的生日礼物啊！"

## 52 | 最后的心跳

陈云同志于 1994 年 5 月 25 日因肺炎住进了北京医院。从此，他在北京医院的病室里度过了他一生最后的 321 天。

他从上海回到北京家里才两个星期，心情也很好，南方的冬春对减轻他的气管炎和皮肤瘙痒症很有效果。夏天了，陈云又回到北京。没想到 5 月 25 日下午，医务人员观察到他的左肺有轻度的炎症，建议他住院治疗。

"能不能在家里治呢？"陈云同医疗专家商量。

专家回答："还是住院治疗好。"

陈云又问："住院期间，每天新闻是否可以照常听呢？"

专家回答说："可以。"

听说住在医院可以照常听新闻，陈云就答应了。当天晚上 9 点多钟，他吃过晚饭后就住进了北京医院。

陈云的体质本来就弱，早在延安时，他把自己的身体比作"木炭汽车"，感冒发烧是常事。新中国成立后，他主管经济工作，担子重，工作忙，经常是上午、下午开会，或者看文件、处理问题，晚上8点到周总理那里，12点到毛主席那里。1959年，他患了冠心病，后来经过治疗，有所好转，但冠心病这顶帽子还一直戴着。1979年，他又患了肠癌，成功地做了切除手术。1984年，他又患有帕金森病。从此，他的身体一年不如一年。

陈云头脑一直很清醒，脑血管硬化程度很轻，脑萎缩的程度也很小。虽然患有帕金森病后，身体状况明显不如从前，但健康状况勉强可以。一是因为有先进的医疗科学和医务人员的精心治疗，二是因为他很有规律的生活习惯。

他的晚年工作，正处在历史性的转折和现代化的建设时期。他既是党的第一代、第二代重要领导成员，又参加了第三代的顺利交接，党的三个关键时刻他都参加了，并在关键时刻发挥关键作用。他晚年从党的大局出发，根据自己的身体，坚持量力而行地工作，坚持做他认为最有必要做的工作。

1992年10月，中央召开党的十四大。以陈云为主任的中央顾问委员会向大会提交了工作报告，认为党的干部离退休制度已全面建立，新老干部合作与交替已取得预期进展，中顾委历时两届，委员们年事已高，基本上完成了一种过渡性组织的任务，为此建议中央不再设立中顾委。大会高度评价了中顾委所作的历史性贡献，同意了这一建议。

中共十四大以后，陈云办理了离休，但他仍然关心着第三代领导集体的工作，关心着国家的长治久安和发展前景。1994年春节，陈云在上海会见前来探望的吴邦国、黄菊等上海市党政领导人时，一方面肯定了从十一届三中全会以来，全国经济发展很好，人民生活水平有了很大提高的成绩，另一方面说出了存在的不少困难和问题。共同致富的问题就是陈云晚年很担心的一个问题。陈云还谈了要树立党中央权威的问题。所以，他从上海刚回来，医生说要住院治疗，他首先考虑的就是在医院里能不能照常听新闻，能不能关心到国家大事，这是他最大的牵挂。

陈云自幼身体素质不好，90岁高龄的他脑子还好用，手脚也灵便。这与他紧张的工作之余善于立即静下来休息，散步活身子，听评弹醒脑子这些良好习惯有很大的关系。

除了听评弹，他每天上午还坚持练毛笔大字，练字时他总是站着，手腕悬空着。他从80岁开始练大字，一直练到90岁，十年如一日。他刚开始每次练半小时左右，后因年岁增大，按照医生的意见，每次减少为20分钟，后来为10分钟左右，最后就只能是手指书空练习。

住院前他还坚持不坐轮椅，要工作人员扶着他在房间里"散步"。以前，他的书房（兼会客厅）、卧室、餐厅是分开的，后来因活动越来越困难，"散步"的步子越来越短，每一步耗费的精力越来越大，书房、卧室、餐厅三者也只好合而为一了。

他坚持"散步"以活动筋骨的毅力是惊人的。这次住院期间病情波动大，经常是恶化、好转，反反复复。在稍有好转时，他就想到要在病室"散步"，可身体太弱，被人搀扶着也困难了，在病室"散步"的愿望终未能实现，他就想回到他住室的书房里的愿望也终未实现。

晚年，他患有青光眼和白内障等眼疾，看不了电视，所以每天早上和晚上他都坚持收听早晚半小时的《新闻联播》以及15分钟的国际新闻。后来年岁越大，动作迟缓了，收听速度赶不上，他就以听工作人员为他录的音为主了。他听新闻是非常认真的，像他看《人民日报》一样，从不放过任何一个细节。后来报纸也只能靠工作人员读给他听了。他听得很仔细，而且记忆力特别强，有重要新闻，他便常提醒工作人员注意。有的新闻他会反复听好几遍录音，直到听清楚为止。慢慢地，他的听力也跟不上播音员播音的速度了，他只好让工作人员每天把新闻稿借来讲给他听，但他在听讲之前，仍然坚持先听一遍新闻录音。

在住院的日子里，他每天醒来的第一件事就是听新闻，听完后还要秘书讲国内外大事。有时白天发烧昏睡，但晚上退烧清醒时，他也会把秘书找去讲讲当天的新闻，从不间断。听新闻对他而言，就像他听长篇评弹一样，一回一回，一章一章，按照每天的日期紧密联系着。因昏迷间断了的新闻，醒来后他都记得清上次听的日期，都要一一补听。

1994年4月初的一天，陈云在上海从《新闻联播》里听到中央机关为"希望工程"捐款的消息，他要工作人员立即从他的存款中取出5000元捐助给革命老区、贫困地区的失学儿童。陈云的这笔钱落实到河南省卢氏县汤河乡和朱阳关乡的16名失学儿童身上。11月，中央办公厅信访局转来了这16名小学生写给他的信。他感叹道：我们是社会主义国家，决不能让儿童失学，应该动员全社会的力量来解决这个问题。

还有一次，他在病床上听到中央号召为贫困地区捐赠衣服、被子的消息。他要工作人员告诉于若木同志马上去办。全家除捐赠了几十件衣服外，还特意以陈云同志的名义捐赠了一条崭新的丝绵被子和床单。他知道了很高兴。当工作人员告诉他，他捐赠的新被子和床单已送给了贵州遵义地区的一位前志愿军战士，他专门把于若木叫到病床前，亲自告诉妻子这个消息。这时，他病痛也突然缓解多了，脸上露出少见的笑容。

高兴之余，他马上让工作人员为他准备宣纸和笔墨，他说过去有句谚语，"各人自扫门前雪，莫管他人瓦上霜"，这是讽刺那种缺乏社会公德和同情心的自私自利的人的。我看应该把它改为"既扫自己门前雪，又管他人瓦上霜"，这是共产主义精神。他一边说一边忍着疼痛吃力地写下了这一条幅。

1994年11月，中共中央文献研究室的负责同志提出，下一年的6月13日是陈云同志90寿辰，是否再请示陈云同志关于出版他的画册的事。因为毛泽东、周恩来、刘少奇和邓小平等同志的画册都已经出版，陈云的画册已经编好七八年了，却因为他不同意出版，还一直压在陈云的办公室里。工作人员向陈云报告了这件事，老人一开始还是犹豫，回答说不急，等等再说。过了几天，待他从昏迷中醒过来时，心情也见好，工作人员又去请示，说画册的编辑早已付出了辛勤劳动，可编辑的劳动成果已封在他的办公室里七八年……他这才勉强同意，答应这次权力下放，由中共中央文献研究室定。工作人员像是打赢了一次大胜仗，高兴地传达了消息。停止了七八年的编辑工作又很快重新开展起来。第二天，陈云似乎又对自己松了口的话担心起来，他把工作人员叫到病床边说，画册上的照片不要光是他一个人的，还要有毛主席、周总理、少奇同志、朱老总、小平同志他们，也要有群众。工作人员回答说都有，他这才满意地点点头……他想到的还不只是自己出画册，想到的是通过出画册再现他和这些早已离世的老战友们在一起的日子，再现他们一起工作、一起学习、一起生活，一起同群众快活的身影。这位过去爱下基层调研、爱同老百姓在一起的人，现在躺在病榻上，哪怕在病室里挪一步都已不可能了。回想他在车间、田头、猪场、连队、百货店、农贸市场、"东来顺"涮羊肉馆，同群众在一起的一幕幕……他笑了，他笑出了眼泪……

画册的封面设计准备采用陈云的签字，并衬以他喜欢的竹子图案，工作人员拿去请他看，他说好漂亮。工作人员问他这是什么时候的签字，他回答是85岁时写的。老人不由自主地又想起了当时签字的情景，他躺在病床上，用手在空中比画着，练起签字来……

不久，中共中央文献研究室的负责同志又提出准备再版《陈云文选》。因为第一版出版已有 10 年了，其间，陈云同志陆续又有新的文稿问世，有关部门也陆续发现了一些没有收入文选的重要文稿。工作人员向他报告这件事，他表示同意。

陈云要工作人员把三卷文选留在了病房里。他虽然已不能再看清上面的文字了，但他翻一翻，仿佛能看到往日油灯下思想的"骏马"在驰骋……

这套近 70 万字的书，加上各种单行本的出版印刷，大约共印刷发行了 5000 万册。这次再版增补了 33 篇文稿。他在苏联写的人生第一部长征纪实文学，也是唯一一部文学作品，也被选入。这又让他想起那段波澜壮阔的长征生活，他反复向工作人员解释笔名"廉臣"和书中把红军称为"赤军"的故事……陈云在病床上用了近半个月的时间，听工作人员给他读新增的文章内容。《陈云文选》三卷，凝结了陈云一生的心血，他既是新中国成立后，我党高层第一、第二代重要领导人之一，同时又在向第三代领导推进的过程中发挥重要作用。他经历丰富又曲折，看问题的思想、观点历来很尖锐，连毛泽东也称赞他"看问题尖锐，能抓到要点"。尤其是对经济工作，他更是提出了许多真知灼见。这是他留给全党和全国各族人民的宝贵精神财富。陈云要把《陈云文选》带在病室，伸手就能随时摸到，就像触到他 90 年扑面而来的激情岁月……

1994 年的春节，陈云在上海度过，他同来看望他的领导谈了要维护和加强党中央的权威，并要把这篇谈话整理进《陈云文选》。他于1995年1月19日用铅笔在文稿送审本上签下了自己的名字。这也成了他的绝笔。

1995年的春节，陈云是在北京医院度过的。当时他病情比较稳定，精神也较好。家人分批来拜年，每批人只待了几分钟，他就催大家回去。江泽民、李鹏也来看望陈云，他听了他们对形势和工作的报告，心里很高兴。当听说不少其他老同志得知陈云同志精神不错，都想来看望时，他就要工作人员转达，江泽民、李鹏可以代表大家了，其他同志就不要来了，谢谢大家关心。

1995年4月10日清晨5点多，北京医院220病房的值班医务人员给工作人员打来电话，说"首长有情况"。原来陈云血压突然下降，并出现混乱性房性心律，采取措施后稳定下来，但要密切观察。工作人员都过来了，紧张的心情稍微放松了一点。

可是，到了下午2点钟，陈云的病情急剧恶化。监护仪上的荧光屏显示，他的血压、心律急剧下降，随即出现自搏心律，血压曲线迅速地变成一条起伏不大的直线。这时，医务人员采取一切的措施进行抢救。

江泽民等得到消息，立即赶到医院。但是，陈云同志终因年事已高，又患多种疾病，各脏器功能已经衰竭，下午2时4分，这颗跳动了90个春秋的心脏停止了跳动……

关于陈云的后事，早在20世纪50年代他就交代过。1959年2月

10 日，他曾经专门给中央写了一封信，信中说："前几年有一次中央委员会全体会议上自愿签名死后火葬，那一次我未出席会议，所以没有签字。我是赞成火葬的，特补此信，作为我的补签字。""同时我还赞成尸体解剖，因为这无损于死者而有益于医学。因此，如果我死后医生觉得哪些器官需要解剖来证实一下当时诊断医疗是否正确，请让医生解剖。"

尊重陈云生前的多次交代，他的丧事从简，遗体火化。

这位一生主要同财经工作、同国库打交道的中共重要领导人，死后留给家人不到 2 万元的稿费以及按国家规定的 10 个月工资的抚恤金共 13360 元。这就是陈云同志一生的全部积余。不过，在医院病室里的那三卷《陈云文选》中，那颗共产党人的赤胆忠心还在搏击，永远跳动……

# 主要参考书目

1. 中共中央文献研究室 . 陈云年谱（修订本）［M］. 北京：中央文献出版社，2015.

2. 中共中央文献研究室 . 陈云传［M］. 北京：中央文献出版社，2005.

3. 陈云 . 陈云文选（全三卷）［M］. 北京：人民出版社，2015.

4. 中共中央文献研究室 . 陈云画传［M］. 杭州：浙江人民美术出版社，2011.

5. 中共中央文献研究室科研部图书馆 . 陈云人生纪实［M］. 南京：凤凰出版传，2011.

6. 于俊道 . 陈云实录［M］. 北京：中国工人出版社，2012.